高等院校应用型本科财会系列特色教材

会计模拟实训

（第二版）

姜　明　主　编
刘海艳　张　娜　副主编
刘东辉　主　审

上海财经大学出版社

图书在版编目(CIP)数据

会计模拟实训/姜明主编. —2 版. —上海：上海财经大学出版社，2015.8

(高等院校应用型本科财会系列特色教材)

ISBN 978 - 7 - 5642 - 2170 - 6/F. 2170

Ⅰ. ①会… Ⅱ. ①姜… Ⅲ. ①会计学-高等学校-教材 Ⅳ. ①F230

中国版本图书馆 CIP 数据核字(2015)第 105890 号

□ 责任编辑 张美芳
□ 封面设计 张克瑶

KUAIJI MONI SHIXUN

会 计 模 拟 实 训

(第二版)

姜 明 主 编

刘海艳 张 娜 副主编

刘东辉 主 审

上海财经大学出版社出版发行

(上海市武东路 321 号乙 邮编 200434)

网 址：http://www.sufep.com

电子邮箱：webmaster @ sufep.com

全国新华书店经销

上海华业装潢印刷厂有限公司印刷装订

2015 年 8 月第 2 版 2015 年 8 月第 1 次印刷

787mm×1092mm 1/16 21.75 印张 374 千字

印数：4 001—8 000 定价：46.00 元

前言

会计是一门对动手能力要求较高的专业，其应用性、操作性很强，会计专业所培养出来的学生不但要有一定的会计理论水平，更要有较强的动手能力。如果学生只学理论，不进行实际操作，就很难对所学的会计理论融会贯通。而会计专业的学生到企业去实习，既难找到比较合适方便的单位，又不能对所学知识进行全面系统的练习，难以达到预期效果。为满足社会对应用型会计人才的需要，培养学生分析问题和解决问题的能力，让学生在校期间就能够将所学知识运用于实践，毕业走上工作岗位立刻适应各种会计工作，特编写本书。

全书是与“基础会计”“财务会计”“成本会计”等课程配套的会计实践教学教材。

本书的特点是系统性、仿真性强，强调以实务为主，理论联系实际，通俗易懂，能达到学以致用的目的。书中的实训项目循序渐进、科学合理，既有单项实验，又有综合实验；综合实验既包括工业企业会计的实际训练，又特意安排了商业企业会计的实际训练，使学生能够在上岗前进行社会经济活动中覆盖面最广的工业和商业企业的经济活动的核算练习。书中实训内容既便于学生操作，又便于教师根据学生情况进行指导。本书既可以作为高校本专科学生的必备实训教材，也适合工商业企业财务人员进行上岗培训。

本书由姜明担任主编，吕超、刘海燕任副主编，编写分工为：第一、第六章由姜明编写，第七章由张娜、姜明编写，第二、第三、第四、第五章由刘海燕编写，最后由姜明总纂定稿，刘东辉主审。

由于作者水平有限，书中难免存在许多不足、缺点和错误，敬请广大读者批评、指正。

特别声明，本书所采用的企业、人员和各种凭证印章均属虚构。

编者

2015 年 6 月

目　录

第一部分　操作基础知识

第二部分　分项业务实训

第三部分 综合业务实训

第一部分

操作基础知识

第一章　总　论

第一节　会计模拟实训的意义

一、会计模拟实训的必要性

从学科内容的特点来看，会计是融理论与实践为一体的一种管理活动。它不仅具有科学的理论体系，而且拥有一整套规范的专业运作程序和运作方法，计算性、操作性很强，所以它又是一门应用型经济学科。会计教学中的理论联系实际，是会计学科教学改革的重要原则和基本目标。因此，在会计教学中，将会计的基本理论、基本方法、基本技能与会计实践结合，显得尤为重要。不仅要向学生传授会计理论和会计方法，而且要培养学生应用会计理论和方法解决会计实践问题的能力。不仅要加强基本理论和基本知识的教学，还应强化实践性教学环节，加强基本技能和实际工作能力的训练。这就需要组织和完善会计模拟实训工作。这一点是由会计学科本身的性质与特点所决定的。

以前，会计专业的学生大多依靠到单位、企业去实习来提高其实践能力。多年的实践证明，到企业、单位去学习，结果往往是流于形式，达不到预期的效果，分析其原因，主要有三个方面：一是会计方面的记录，有很强的严肃性和一定的保密性，接受实习的单位对从未接触过凭证、账册和报表的学生从事这类实习，往往不大放心；二是学生除了书本知识外，既无生产经验，又无社会经验，在实习过程中，事事要实习单位的人带教，既占用了企业财务人员的有效工时，又影响了企业的财务工作流程，企业一般难以接受；三是学生的独立工作、学习能力较弱，自觉性、主动性不强，实习的效果欠佳。这就造成很多毕业生到实际单位后，动手能力差，不能马上适应实际工作的需要。因此，为了提高学生的实践操作能力，缩短学生步入社会的适应期，就有必要在学校建立手工会计模拟实验室，进行会计模拟实训。事实也证明，通过会计模拟实训对学生进行实践能力的培养能取得非常好的实际效果。

二、会计模拟实训的目标

会计模拟实训，主要是通过会计实验室、课堂等场所对学生进行会计核算的实务模拟。通过会计模拟实训，应当使学生实现如下目标：

(1) 进一步理解基础会计、财务会计、成本会计的理论知识。通过边实验、边学习、边思考和边总结(写实验报告)，把实际操作与所学基本理论和基本核算方法相结合，达到巩固和提高所学会计理论、初步具备从事会计工作能力的目的，加深对会计工作、会计专业的认识。

(2) 初步掌握会计核算程序操作规程的基本技能,并掌握账务处理流程。包括填制和审核原始凭证,编制和审核记账凭证,编制汇总记账凭证,登记现金日记账、银行存款日记账、明细账和总账,账簿的结账、查错与更正错误,未达账项的调整方法,试算平衡表、编制会计报表的基本技能。

(3) 培养作为一名会计人员应具有的认真、细致、兢兢业业、实事求是、踏实肯干的工作作风,树立良好的会计职业道德。

三、会计模拟实训的内容

会计模拟实训的内容包括单项会计实务模拟实训和综合会计实务模拟实训两部分。

单项会计实务模拟实训的主要任务包括建账,识别原始凭证,记账凭证的填制和审核,科目汇总表的编制,日记账、明细账、总账的登记,错账的更正,银行存款余额表的编制,试算平衡表、资产负债表、利润表、现金流量表的编制等。

综合会计实务模拟实训是在单项会计实务模拟的基础上,重点练习会计核算程序,进一步熟悉会计循环各步骤。

四、会计模拟实训教学的组织与实施

会计模拟实训应当按以下两步进行:

第一步,学生在实验室教师的指导下,先进行分项实验,熟悉会计核算实际业务,识别经济业务的原始凭证及账务处理。然后由实验室教师对实务操作方法作讲解和演示,并要求学生把课堂上学到的凭证、账簿、报表等知识与相关实物相对照,强化对会计核算流程的感性认识,使学生全面、系统地掌握会计核算过程的操作方法。

第二步,在实验室教师的指导下,由学生进行实际操作。根据综合实验教材的内容要求,发给学生会计凭证、账簿及报表。学生从编制记账凭证、汇总记账凭证,登记总账、明细账、日记账,计算成本、利润到编制会计报表整个会计核算过程进行系统操作。

第二节　会计工作的书写规范

一、会计书写基本规范

会计书写规范,是指会计工作人员在经济业务活动的记录过程中,对接触的数码和文字的一种规范化书写方法。会计工作离不开书写,没有规范的书写就没有会计工作质量。书写规范也是衡量一个会计工作人员素质高低的标准。一个合格的会计人员,首先其书写应当规范,这样才能为决策者提供准确、可靠的会计信息,更好地为经济决策服务。

财会书写的内容包括阿拉伯数字的书写和文字书写两大部分。在一些"三资"企业,有时需用外文记账,外文字母的书写也应当规范。

财会书写的基本规范如下:

(1) 正确,指对业务发生过程中的数字和文字要准确、完整地记录下来,这是书写的基本前提。只有对所发生的经济业务的记录正确地反映了其发生的全过程、内容及结果,书写才有意义。

(2) 规范,指对有关经济活动的记录书写一定要符合财会法规和会计制度的各项规定,符合对财会人员的要求。无论是记账、核算还是分析,都要严格按书写格式书写,文字以国务院颁布的简化汉字为标准,数字按规范要求书写。

(3) 清晰,指字迹清楚,容易辨认,账目条理清晰,无模糊不清之感。

(4) 整洁,指账面干净、清洁,文字、数字、表格条理清晰、整齐分明。书写字迹端正、大小均匀,无参差不齐及涂改现象。

(5) 美观,书写除准确、规范、整洁外,还要尽量使结构安排合理,字迹流畅、大方,给人以美感。

会计工作人员一般都要有两枚名章,一枚方形名章,用于原始凭证、记账凭证、会计报表等指定位置的签章;另一枚为小长方形姓名章,用于更正数字。在凭证、报表上盖名章时,一般用红色印油。在各种会计资料上签名时,要签姓名全称。

二、数字书写规范

阿拉伯数字书写规范是指要符合手写体的规范要求。阿拉伯数字是世界各国的通用数字,书写的顺序是由高位到低位、从左到右依次写出各位数字。

(一) 数字书写的要求

(1) 高度。每个数字要紧贴底线书写,其高度占全格的 1/2。除 6、7、9 外,其他数字高低要一致。"6"的上端比其他数字高出 1/4,"7"和"9"的下端比其他数字伸出 1/4。

(2) 角度。各数字的倾斜度要一致,一般要求上端向右倾斜 60 度。

(3) 间距。每个数字要大小一致,排列应保持同等距离,每个字上下左右要对齐。在印有数位线的凭证、账簿、报表上,每一格只能写一个数字,不得几个字挤在一个格里,也不得在数字中间留有空格。

(4) 要保持个人的独特字体和本人的书写特色,使别人难以模仿或涂改。

除此之外,不要把"0"和"6"、"1"和"7"、"3"和"8"、"7"和"9"写混。在阿拉伯数字的整数部分,可以从小数点起向左按"三位"一节空 1/4 汉字的位置或用分位点","分开。

(二) 数字书写错误的更正方法

数字书写错误一般采用划线更正法。如写错一个数字,不论在哪,一律用红线全部划掉,在原数字的上边对齐原位写上正确数字。

三、文字书写规范

文字书写是指汉字书写。与经济业务活动相联系的文字书写包括数字的大写和企业名称、会计科目、费用项目、商品类别、计量单位及摘要、财务分析报表的书写等。

(一) 文字书写的基本要求

(1) 简明、扼要、准确,指用简短的文字把经济业务发生的内容叙述清楚,在有格式的情况下,文字数目多少要以写满但不超出该栏格为限。会计科目要写全称,不写简称、子、细目要准确,符合会计制度的规定,不能用表述不清楚、不准确的语名或文字。

(2) 字迹工整、清晰,指书写时用正楷或行书,不能用草书;不宜过大,一般上下要留空隙,也不宜过少;不能过于稠密,要适当留字距;不能写得大小不一。

(二) 中文大写数字的写法

中文大写数字是用于填写需要防止涂改的销货发票、银行结算凭证、收据等,因此,在书写时不能写错。如果写错,则本张凭证作废,需重新填制。

(1) 大写金额前要冠以“人民币”字样,“人民币”与金额首位数字间不留空位,数字之间更不能留空位,写数与读数顺序一致。

(2) 人民币以元为单位,元后无角、分的需要写“整”字。如果到角为止,角后也可以写“整”字;如果到分为止,分后不写“整”字。

(3) 金额数字中间连续几个“0”字时,可只写一个“零”字。如 500.70 元,应写成“人民币伍佰元零柒角整”。

(4) 表示拾位的文字前必须有数字,如拾元整应写作壹拾元整。

(5) 切忌用其他字代替,如“零”不能用“另”代替,“角”不能用“毛”代替等。

(三) 摘要的书写

文字书写一部分是摘要的书写,包括记账凭证摘要、各种账簿摘要,摘要是记录经济业务的简要内容,填写时应用简明扼要的文字反映经济业务情况。

摘要书写的一般要求有:

(1) 以原始凭证为依据;

(2) 正确反映经济业务的内容;

(3) 文字少而精,说明主要问题;

(4) 书写字体占格的 1/2 为宜;

(5) 字迹与文字书写要求相同,要工整、清晰、规范。

不同类型的经济业务填写摘要栏没有统一格式,但同一类的经济业务填写摘要时,文字表达式是有章可循的。

第三节　会计工作岗位的设置

一个单位的会计人员的配备,既有数量问题,也有质量问题。就数量问题而言,一个单位到底配备多少会计人员为宜,是一个需要因行业、单位而作出具体回答的问题。因为会计人员的配备数量,与单位的大小、业务的多寡、资产的规模、经营管理的要求、核算的组织形式及采用什么样的核算手段等,都有密切的关系,这具体体现在会计工作岗位的设置上。

一、设置会计工作岗位的意义

会计工作岗位,是对一个单位的会计工作进行具体分工而设置的各个职能岗位。在会计机构内部设置会计工作岗位,有利于明确各个岗位的职责;建立岗位责任制有利于会计人员钻研业务,提高工作效率和质量;有利于会计工作的程序化和规范化,加强会计基础工作;还有利于强化会计管理职能,提高会计工作的作用;同时,也是配备数量适宜的会计人员的客观依据之一。

二、设置会计工作岗位的原则

(一) 根据本单位会计业务的需要

各单位应当根据会计业务需要设置会计工作岗位。由于各单位所属行业的性质、自身的规模、业务内容和数量以及会计核算与管理的要求等不同,会计工作岗位的设置条件和要求也不相同。在设置会计工作岗位时，必须结合单位的实际情况，有的分设、有的合并、有的不设，以满足会计业务需要为原则。

（二）符合内部牵制制度的要求

会计工作岗位，可以一人一岗、一人多岗或者一岗多人。但出纳人员不得兼管稽核、会计档案保管和收入、费用、债权债务账户的登记工作。从多年来税收、审计和会计工作秩序整顿中暴露出来的问题看，不少单位在会计工作岗位设置上存在岗位职责不清、人浮于事、手续混乱等问题；在一些小型经济组织中，会计、出纳一人兼任，或者出纳与财务一人兼任，为徇私舞弊或贪污挪用等违法乱纪行为留下了可乘之机，隐患甚大，造成损失的不在少数，这是很值得各单位重视和引以为戒的。

（三）有利于会计人员全面熟悉业务、不断提高业务素质

会计人员的工作岗位应当有计划地进行轮换，这样做不仅可以激励会计人员不断进取、改进工作，而且在一定程度上有助于防止违法乱纪、保护会计人员。

（四）有利于建立岗位责任制

会计工作岗位的设置包括：会计机构负责人或者会计主管人员、出纳、财产物资核算、工资核算、成本费用核算、财务成果核算、资金核算、往来结算、总账报表、稽核、档案管理等。这种设置方法基本上包括了会计业务的主要内容和主要方面，为建立岗位责任制提供了比较完整的基础，是单位在具体制订会计工作岗位设置方案时比较理想的参考方案。

三、企业应设置的会计岗位

企业应根据自身规模大小、业务量多少等具体情况设置会计岗位，一般大中型企业应设置会计主管、出纳、固定资产核算、存货核算、成本核算、收入与利润核算、资金核算、总账报表和稽核等会计岗位。小型企业因业务量较少，应适当合并减少岗位设置，如可设置出纳、总账报表和明细分类核算等会计岗位。

1. 会计主管岗位的职责

（1）具体领导单位财务会计工作；

（2）组织制定、贯彻执行本单位的财务会计制度；

（3）组织编制本单位的各项财务、成本计划；

（4）组织开展财务成本分析；

（5）审查或参与拟订经济合同、协议及其他经济文件；

（6）参加生产经营管理会议，参与经营决策；

（7）负责向本单位领导、职工代表大会报告财务状况和经营成果；

（8）审查对外报送的财务会计报告；

（9）负责组织会计人员的政治理论、业务技术的学习和考核，参与会计人员的任免和调动。

2. 出纳岗位的职责

（1）办理现金收付和结算业务；

（2）登记现金日记账和银行存款日记账；

（3）保管库存现金和各种有价证券；

（4）保管有关印章、空白收据和空白支票。

3. 固定资产核算岗位的职责

（1）会同有关部门拟订固定资产的核算管理办法；

（2）参与编制固定资产更新改造和大修理计划；

（3）负责固定资产的明细核算和有关报表的编制；

（4）参与固定资产的清查盘点。

4. 材料物资核算岗位的职责

（1）会同有关部门拟订材料物资的核算与管理办法；

（2）审查汇编材料物资的采购资金计划；

（3）负责材料物资的明细核算；

（4）会同有关部门编制材料物资计划成本目录；

（5）配合有关部门制定材料物资消耗定额；

（6）参与材料物资的清查盘点。

5. 库存商品核算岗位的职责

（1）负责库存商品的明细分类核算；

（2）会同有关部门编制库存商品计划成本目录；

（3）配合有关部门制定库存商品的最低、最高限额；

（4）参与库存商品的清查盘点。

6. 工资核算岗位的职责

（1）监督工资基金的使用；

（2）审核发放工资、奖金；

（3）负责工资的明细核算；

（4）负责工资分配的核算；

（5）计提福利费和工会经费等费用。

7. 成本核算岗位的职责

（1）拟订成本核算办法；

（2）制定成本费用计划；

（3）负责成本管理基础工作；

（4）核算产品成本和期间费用；

（5）编制成本费用报表并进行分析；

（6）协助管理在产品和自制半成品。

8. 收入、利润核算岗位的职责

（1）负责编制收入、利润计划；

（2）办理销售款项结算业务；

（3）负责收入和利润的明细核算；

（4）负责利润分配的明细核算；

（5）编制收入和利润报表；

（6）协助有关部门对产成品进行清查盘点。

9. 资金核算岗位的职责

（1）拟订资金管理和核算办法；

（2）编制资金收支计划；

(3) 负责资金调度；
(4) 负责资金的明细分类核算；
(5) 负责企业各项投资的明细分类核算。
10. 往来结算岗位的职责
(1) 建立往来款项结算手续制度；
(2) 办理往来款项的结算业务；
(3) 负责往来款项结算的明细核算。
11. 总账报表岗位的职责
(1) 负责登记总账；
(2) 负责编制资产负债表、利润表、现金流量表等有关财务会计报表；
(3) 负责管理会计凭证和财务会计报表。
12. 稽核岗位的职责
(1) 审查财务成本计划；
(2) 审查各项财务收支；
(3) 复核会计凭证和财务会计报表。

第二部分

分项业务实训

第二章　货币资金业务实训

一、学习目标

本章重点介绍了货币资金的账务处理过程。通过本章学习，使学生了解实际业务操作流程，明确出纳岗位的业务范围、核算内容，熟悉现金的收付制度、各种银行的结算方式，掌握现金日记账、银行存款日记账、其他货币资金明细账的登记，并保证日清月结。

二、操作要求

1. 设置现金日记账、银行存款日记账、其他货币资金明细账、总账，登记期初余额。
2. 根据实际操作资料中提供的外来或自制的原始凭证编制记账凭证。
3. 根据记账凭证逐日逐笔登记日记账和总账。
4. 按日结计日记账、明细账余额，月末结日记账、明细账和总账。
5. 将银行存款日记账和银行对账单进行核对，并编制银行存款余额调节表。

三、操作资料

1. 宏达有限公司是一家有 380 名职工的工业企业，注册资本 800 万元，主要从事笔业生产，为增值税一般纳税人。

2012 年 10 月 1 日部分账户资料如下：

库存现金	9 200 元
银行存款	2 760 000 元
其他货币资金——银行汇票	500 000 元

2. 本月发生有关业务如下(原始凭证)：

1—1

中国工商银行汇票申请书

申请日期：2012 年 10 月 1 日

<table>
<tr><td>申 请 人</td><td>宏达有限公司</td><td>收 款 人</td><td colspan="10">深圳海华公司</td></tr>
<tr><td>账 号
或 住 址</td><td>800-500-600</td><td>账 号
或 住 址</td><td colspan="10">421-658-697</td></tr>
<tr><td>用 途</td><td>购货</td><td>代 理
付 款 行</td><td colspan="10">工行上海黄埔路分理处</td></tr>
<tr><td rowspan="2">金 额</td><td colspan="2" rowspan="2">人民币(大写)壹佰万元整</td><td>千</td><td>百</td><td>十</td><td>万</td><td>千</td><td>百</td><td>十</td><td>元</td><td>角</td><td>分</td></tr>
<tr><td>¥</td><td>1</td><td>0</td><td>0</td><td>0</td><td>0</td><td>0</td><td>0</td><td>0</td><td>0</td></tr>
<tr><td colspan="2">备注</td><td colspan="11">科　目
对方科目
财务主管　　复核　　经办</td></tr>
</table>

中国工商银行上海黄埔路分理处 2012.10.01 转讫

第二联：记账联

2—1

中国工商银行
现金支票存根
XIV216571

附加信息：

出票日期：2012 年 10 月 1 日
收 款 人：宏达有限公司
金　　额：¥4 000.00
用　　途：日常开支
单位主管：　　　　会计：

3—1

借　　据

2012 年 10 月 1 日

借款金额	捌仟元整		¥8 000.00
借款事由	公出		
领导批示	财务负责人	借款部门负责人	借款人
刘宏达	高金萍	刘婷	王洋

4—1

中国工商银行
现金支票存根
XIV216572

附加信息：

出票日期：2012 年 10 月 1 日
收 款 人：宏达有限公司
金　　额：¥300 000.00
用　　途：发放工资
单位主管：　　　　会计：

4—2

工 资 发 放 表

2012 年 10 月 1 日

人　员	应付工资			签　字
	基本工资	津　贴	合　计	
甲产品生产工人	80 000	20 000	100 000	赵强
乙产品生产工人	75 000	18 000	93 000	李莉
车间管理人员	15 000	3 000	18 000	王菲
公司管理人员	61 000	17 850	78 850	周易
在建工程人员	8 000	2 150	10 150	王克
合　　计	239 000	61 000	300 000	
合　　计	人民币：叁拾万元整			¥300 000.00

（印章：宏达有限公司 2012.10.1 现金付讫 (01)）

财务主管：高金　　　　审核：张飞　　　　制单：康辉

5—1

中国工商银行进账单（收款通知）　3

2012 年 10 月 7 日　　　　第 0056985 号

出票人	全　称	天恒公司	持票人	全　称	宏达有限公司
	账　号	245-633-998		账　号	800-500-600
	开户银行	上海市工行泰山办		开户银行	上海黄埔路分理处
金额	人民币（大写）叁万元整			亿千百十万千百十元角分	¥3000000
票据种类	转账支票				
票据张数	1				
复核　记账				收款人开户银行签章	

（印章：中国工商银行上海黄埔路分理处 2012.10.07 转讫）

此联是收款人开户银行交给收款人的收账通知

5—2

收　　　据

2012 年 10 月 7 日

今　收　到：天恒公司

人民币(大写)：叁万元整　　　　¥30 000.00

收 款 事 由：前欠货款

收款单位：宏达有限公司　　　　收款人：王微

（印章：宏达有限公司 财务专用章）

6—1

中华人民共和国

税收（增值税）缴款书 国

No.45464612

填发日期：2012 年 10 月 8 日　　收入机关：上海市国家税务局

缴款单位(人)	全　称	宏达有限公司	预算科目	款　项	增值税
	开户银行	上海黄埔路分理处		级　次	市级
	账　号	800-500-600	收款国库		中心支库
税款所属时期　2012 年 9 月 1～30 日			税款限缴时期　2012 年 10 月 10 日		

品目名称	课税数量	计税金额或主营业务收入	税率或单位税额	已缴或扣除额	实缴税额 千	百	十	万	千	百	十	元	角	分
增值税			17%				5	0	0	0	0	0	0	0
(小写)合计			17%			¥	5	0	0	0	0	0	0	0
合计金额	人民币(大写)⊕仟⊕佰伍拾零万零仟零佰零拾零元零角零分													
缴款单位(盖章)	税务机关 填票人(章)	上列款项已收妥并划转收款单位账户 国库(银行)　盖章 2012 年 10 月 8 日									备注			

第一联：（收据）国库收款盖章后退缴款单位作完税凭证

6—2

中华人民共和国

税收（城市维护建设税专用）缴款书 地

No. 0095462

经济类型：国有　　填发日期：2012 年 10 月 8 日　　收入机关：上海市地方税务局

缴款单位(人)	全　称	宏达有限公司	预算科目	款　项	城市维护建设税
	开户银行	上海黄埔路分理处		级　次	市级
	账　号	800-500-600	收款国库		中心支库
税款所属时期　2012 年 9 月 1～30 日			税款限缴时期　2012 年 10 月 10 日		

计征金额		征收率	实缴税额 千	百	十	万	千	百	十	元	角	分
项目名称	计征金额											
城市维护建设税	500 000.00	7%				3	5	0	0	0	0	0
合计	500 000.00	7%				3	5	0	0	0	0	0
合计金额(大写)	人民币(大写)⊕仟⊕佰⊕拾叁万伍仟零佰零拾零元零角零分											
缴款单位(盖章)	税务机关 填票人(章)	上列款项已收妥并划转收款单位账户 国库(银行)　盖章 2012 年 10 月 8 日								备注		

第一联：（收据）国库收款盖章后退缴款单位作完税凭证

6—3

中华人民共和国

税收(所得税)缴款书 地　　No. 56986954

经济类型:国有　　填发日期:2012 年 10 月 8 日　　收入机关:上海市地方税务局

缴款单位(人)	全　称	宏达有限公司	预算科目	款　项	个人所得税
	开户银行	上海黄埔路分理处		级　次	市级
	账　号	800-500-600	收款国库		中心支库

税款所属时期　2012 年 9 月 1～30 日　　税款限缴时期　2012 年 10 月 10 日

项目名称	计征金额	征收率	千	百	十	万	千	百	十	元	角	分
所得税							8	0	0	0	0	0
合计						¥	8	0	0	0	0	0

（表头：计征金额；征收率；实缴税额）

合计金额　人民币(大写)⊕仟⊕佰⊕拾⊕万捌仟零佰零拾零元零角零分

缴款单位(盖章)	税务机关 填票人(章)	上列款项已收妥并划转收款单位账户 国库(银行)　盖章 2012 年 10 月 8 日	备注

第一联:(收据)国库收款盖章后退缴款单位作完税凭证

7—1

广东省增值税专用发票

发　票　联

NO.057567

开票日期:2012 年 10 月 10 日

购货单位	名　称	宏达有限公司	纳税人登记号	800100200300
	地址、电话	上海长江路 33 号 (88581588)	开户银行及账号	上海长江支行 800-500-600

货物及应税劳务名称	单位	数量	单价	金额 百	十	万	千	百	十	元	角	分	税率	税额 百	十	万	千	百	十	元	角	分
塑料	千克	70 000	10		7	0	0	0	0	0	0	0	17%		1	1	9	0	0	0	0	0
合　计				¥	7	0	0	0	0	0	0	0		¥	1	1	9	0	0	0	0	0

价税合计(大写)　×佰捌拾壹万玖仟元整　　(小写)¥819 000.00

销货单位	名称	深圳海华公司	税务登记号	697878
	地址、电话	深圳东海路 33 号 (88581588)	开户银行及账号	深圳工行 421-658-697

销售单位:深圳海华公司(章)　收款人:李安　复核:杨春晓　开票人:胡佑

第二联:发票联　购货方记账凭证

7—2

广东省增值税专用发票

抵 扣 联

NO.057567

开票日期：2012 年 10 月 10 日

<table>
<tr><td rowspan="2">购货单位</td><td>名 称</td><td colspan="3">宏达有限公司</td><td colspan="9">纳税人登记号</td><td colspan="10">800100200300</td></tr>
<tr><td>地址、电话</td><td colspan="3">上海长江路 33 号（88581588）</td><td colspan="9">开户银行及账号</td><td colspan="10">工行上海长江支行 800-500-600</td></tr>
<tr><td colspan="2" rowspan="2">货物及应税劳务名称</td><td rowspan="2">单位</td><td rowspan="2">数量</td><td rowspan="2">单价</td><td colspan="9">金 额</td><td rowspan="2">税率</td><td colspan="9">税额</td></tr>
<tr><td>百</td><td>十</td><td>万</td><td>千</td><td>百</td><td>十</td><td>元</td><td>角</td><td>分</td><td>百</td><td>十</td><td>万</td><td>千</td><td>百</td><td>十</td><td>元</td><td>角</td><td>分</td></tr>
<tr><td colspan="2">塑料</td><td>公斤</td><td>70 000</td><td>10</td><td></td><td>7</td><td>0</td><td>0</td><td>0</td><td>0</td><td>0</td><td>0</td><td>0</td><td>17%</td><td></td><td>1</td><td>1</td><td>9</td><td>0</td><td>0</td><td>0</td><td>0</td><td>0</td></tr>
<tr><td colspan="2"></td><td></td><td></td><td></td><td></td><td></td><td></td><td></td><td></td><td></td><td></td><td></td><td></td><td></td><td></td><td></td><td></td><td></td><td></td><td></td><td></td><td></td><td></td></tr>
<tr><td colspan="2"></td><td></td><td></td><td></td><td></td><td></td><td></td><td></td><td></td><td></td><td></td><td></td><td></td><td></td><td></td><td></td><td></td><td></td><td></td><td></td><td></td><td></td><td></td></tr>
<tr><td colspan="2">合 计</td><td></td><td></td><td></td><td>¥</td><td>7</td><td>0</td><td>0</td><td>0</td><td>0</td><td>0</td><td>0</td><td>0</td><td></td><td>¥</td><td>1</td><td>1</td><td>9</td><td>0</td><td>0</td><td>0</td><td>0</td><td>0</td></tr>
<tr><td colspan="2">价税合计（大写）</td><td colspan="12">×佰捌拾壹万玖仟元整</td><td colspan="10">（小写）¥819 000.00</td></tr>
<tr><td rowspan="2">销货单位</td><td>名称</td><td colspan="3">深圳海华公司</td><td colspan="9">税务登记号</td><td colspan="10">697878</td></tr>
<tr><td>地址、电话</td><td colspan="3">深圳东海路 33 号（88581588）</td><td colspan="9">开户银行及账号</td><td colspan="10">深圳工行 421-658-697</td></tr>
</table>

销售单位：深圳海华公司（章） 收款人：李安 复核：杨春晓 开票人：胡佑

第三联：抵扣联 购货方扣税凭证

7—3

货物运输业增值税发票

发 票 联

NO.008100

开票日期：2012 年 10 月 10 日

<table>
<tr><td>购货单位或实际受票方</td><td colspan="4">名　　称：宏达有限公司
纳税人识别号：800100200300
地 址 、电 话：上海市长江路 33 号（88581588）
开户行及账号：工行上海市长江路分理处
800-500-600</td><td>密码区</td><td colspan="2"></td></tr>
<tr><td>货物及应税劳务名称</td><td>规格型号</td><td>单位</td><td>数量</td><td>单价</td><td>金额</td><td>税率</td><td>税额</td></tr>
<tr><td>运费</td><td></td><td></td><td>70 000</td><td>1.00</td><td>70 000</td><td>11%</td><td>7 700</td></tr>
<tr><td>价税合计（大写）</td><td colspan="5">柒万柒仟柒佰元整</td><td colspan="2">（小写）¥77 700.00</td></tr>
<tr><td>托运人</td><td colspan="7">富豪有限公司</td></tr>
<tr><td>开票单位</td><td colspan="4">名　　称：深圳运输公司
纳税人识别号：265-566-987
地 址 、电 话：深圳西湖路 181 号（83681582）
开户行及账号：深圳西湖路分理处
421-658-697</td><td>备 注</td><td colspan="2"></td></tr>
</table>

收款人：刘山 复核：贺文文 开票人：王新 开票单位：深圳运输公司

第一联：发票联 购货方记账凭证

货物运输业增值税发票

全国统一发票监制章 国家税务局监制

抵　扣　联

NO.008100

开票日期:2012 年 10 月 10 日

购货单位或实际受票方	名　　称:宏达有限公司 纳税人识别号:800100200300 地 址 、电 话:上海市长江路 33 号(88581588) 开户行及账号:工行上海市长江路分理处 800-500-600				密码区		
货物及应税劳务名称	规格型号	单位	数量	单价	金额	税率	税额
运费			70 000	1.00	70 000	11%	7 700
价税合计(大写)	柒万柒仟柒佰元整					(小写)¥77 700.00	
托运人	富豪有限公司						
开票单位	名　　称:深圳运输公司 纳税人识别号:265-566-987 地 址 、电 话:深圳西湖路 181 号(83681582) 开户行及账号:深圳西湖路分理处 421-658-697				备　注		

深圳运输公司 发票专用章

第二联:抵扣联　购货方扣税凭证

收款人:刘山　　复核:贺文文　　开票人:王新　　开票单位:深圳运输公司

8—1

差旅费报销单

2012 年 10 月 15 日

部门名称	采购部			姓　名		王洋
出差事由	采购			出差日期自 2012 年 10 月 2 日 至 2012 年 10 月 13 日 共 12 天		
地　　点	杭州					
项目金额	交 通 工 具			卧补	住宿费	伙食费	其他
	火车	汽车	市内交通费				
	800	280	200	40	1 000	1 200	960
报销总额	人民币(大写)肆仟肆佰捌拾元整　¥4 480.00						
预借差旅费	¥8 000.00				补领金额		
					退还金额	¥3 520.00	

财务负责人:高金　　部门领导签字:李海洋　　领款人:康华

8—2

收　　据

2012 年 10 月 15 日

今　收　到：王洋

人民币(大写)：叁仟伍佰贰拾元整　　　　¥3 520.00 元

收 款 事 由：还　款

收款单位：宏达有限公司　　　　收款人：王微

8—3

中国工商银行现金存款凭证(回单)

交款日期：2012 年 10 月 15 日　　　　第 0035 号

款项来源	个人还款	收款单位名称	宏达有限公司
现金计划项目		收款单位账户	800-500-600
		收款单位开户行	中国工商银行

人民币(大写)	十	万	千	百	十	元	角	分
叁仟伍佰贰拾元整			3	5	2	0	0	0

券别	张数	金额	券别	张数	金额	券别	张数	金额	上列款项收讫无误
壹佰元	30		壹元			壹角			
伍拾元	10		五角						
拾元	2								收款员
伍元									

9—1

中国工商银行

银 行 汇 票(多余款通知)　4

汇票号码 第 86845 号

付款期限 壹 个 月

出票日期（大写）	贰零壹贰年零壹拾月壹拾捌日		代理付款行：工行上海黄埔路分理处　行号：800

收款人：深圳海华公司

汇款金额人民币（大写）壹佰万元整

实际结算金额人民币（大写）捌拾玖万陆仟柒佰元整

千	百	十	万	千	百	十	元	角	分
	¥	8	9	6	7	0	0	0	0

账号或住址：800-500-600

申请人：宏达有限公司

出票行：上海黄埔路分理处　行号：800

备　注：

出票行盖章

2012 年 10 月 18 日

多 余 金 额

千	百	十	万	千	百	十	元	角
	¥	1	0	3	3	0	0	0

科目（借）

对方科目（贷）

兑付日期　年　月　日

复核　　记账

（印章：中国工商银行上海黄埔路分理处 2012.10.18 转讫）

此联出票行结清多余款后交申请人

10—1

材料验收入库单

供应单位：深圳海华公司　　2012 年 10 月 19 日

材料类别	材料名称	单　位	数　量	实收数量	单　价	金　额
101	塑料	千克	70 000	70 000		770 000
合　计			70 000	70 000		

仓库主管：张峰　　材料会计：李梅　　收料员：王菲　　经办人：李广　　制单：赵强

第二联：记账联

11—1

中国工商银行电汇凭证(回单)

委托日期　2012年10月19日　　第008321号

<table>
<tr><td rowspan="3">汇款人</td><td>全　称</td><td colspan="3">宏达有限公司</td><td rowspan="3">收款人</td><td>全　称</td><td colspan="3">美达公司</td></tr>
<tr><td>账　号
或住址</td><td colspan="3">800-500-600</td><td>账　号
或住址</td><td colspan="3">875-894-542</td></tr>
<tr><td>汇　出
地　点</td><td>上海市</td><td>汇出行
名　称</td><td>工行黄埔路
分理处</td><td>汇　出
地　点</td><td>山东省青岛市
县</td><td>汇出行
名　称</td><td>工行汇泉
分理处</td></tr>
<tr><td rowspan="2">金额</td><td colspan="8" rowspan="2">人民币
(大写) 伍万元整</td><td>亿 千 百 十 万 千 百 十 元 角 分</td></tr>
<tr><td>¥ 5 0 0 0 0 0 0</td></tr>
<tr><td colspan="5">汇款用途:还款</td><td colspan="5" rowspan="2">汇出行盖章
年　月　日</td></tr>
<tr><td colspan="5">单位主管　会计　复核　记账</td></tr>
</table>

此联是汇出行交给汇款人的回单

(印章:中国工商银行上海黄埔路分理处 2012.10.19 转讫)

11—2

收　　据

2012年10月21日

今　收　到:美达有限公司

人民币(大写):伍万元整　　¥50 000.00

收 款 事 由:还欠款

收款单位:美达公司　　收款人:李莉

(印章:美达有限公司 财务专用章)

11—3

银行收费凭证(1)

客户名称:宏达有限公司　　2012年10月19日　　账号:800-500-600

<table>
<tr><td rowspan="3">摘　要</td><td colspan="5">手续费</td><td colspan="5">邮电费</td><td colspan="7" rowspan="2">合 计 金 额</td></tr>
<tr><td colspan="5">金额</td><td colspan="5">金额</td></tr>
<tr><td>百</td><td>十</td><td>元</td><td>角</td><td>分</td><td>百</td><td>十</td><td>元</td><td>角</td><td>分</td><td>万</td><td>千</td><td>百</td><td>十</td><td>元</td><td>角</td><td>分</td></tr>
<tr><td>付手续费</td><td></td><td>1</td><td>0</td><td>0</td><td>0</td><td></td><td></td><td></td><td></td><td></td><td></td><td></td><td></td><td>1</td><td>0</td><td>0</td><td>0</td></tr>
<tr><td></td><td></td><td></td><td></td><td></td><td></td><td></td><td></td><td></td><td></td><td></td><td></td><td></td><td></td><td></td><td></td><td></td><td></td></tr>
<tr><td colspan="11">人民币(大写):壹拾元整</td><td></td><td></td><td>¥</td><td>1</td><td>0</td><td>0</td><td>0</td></tr>
</table>

付款单位回单

复核人:　　收款人:李渔

(印章:中国工商银行上海黄埔路分理处 2012.10.19 转讫)

12—1

职工困难补助申请表

2012 年 10 月 25 日

申请人姓名	刘刚	所在部门	厂部
申请理由	生活困难	平均生活费	1 000.00
申请金额	壹仟伍佰元整		¥1 500.00
工会小组意见	同意	领款人签字	刘刚

宏达有限公司 2012.10.25 现金付讫 (02)

13—1

中国工商银行托收承付 凭证(回单) 1

委托日期 2012 年 10 月 30 日

付款人	全称	长春全有公司	收款人	全称	宏达有限公司		
	账号或住址	648-684-984		账号或住址	800-500-600		
	开户银行	工行长春市黄海路分理处		开户银行	工行上海黄埔路分理处	行号	800

托收金额	人民币（大写）贰拾叁万伍仟元整	亿	千	百	十	万	千	百	十	元	角	分
				¥	2	3	5	0	0	0	0	0

附件		商品发运情况	合同名称号码
附寄单证张数或册数	3	货已发出	购销合同 0034 号
备注：		款项收妥日期 年 月 日	开户银行盖章 年 月 日

工商银行上海浦东路分理处 2012.10.30 转讫

单位主管　　会计　　复核　　记账

此联是收款人开户行给收款人的回单

13—2

上海市增值税专用发票

记 账 联

NO.09877

开票日期:2012 年 10 月 30 日

购货单位	名称	长春全有公司	纳税人登记号	680975628145
	地址、电话	长春市黄海路 28 号 (54963524)	开户银行及账号	工行长春黄海支行 648-684-984

货物及应税劳务名称	单位	数量	单价	金额	税率	税额
圆珠笔	个	50 000	4	200 000.00	17%	34 000.00
合计				¥200 000.00		¥34 000.00
价税合计(大写)	×佰贰拾叁万肆仟元整			(小写)¥234 000.00		

销货单位	名称	宏达有限公司	税务登记号	800100200
	地址、电话	上海长江路 33 号 (88581588)	开户银行及账号	工行上海长江支行 800-500-600

销售单位销售单位:安源公司(章)　　收款人:李凤　　复核:胡玉　　开票人:张清

第四联：记账联 售货方记账凭证

13—3

运输业发票

发票联

客户名称：长春全有公司　　2012年10月30日　　No. 65892

货号	件数	重量(千克)	单价	金额 万	千	百	十	元	角	分	备注
运费(上海—长春)	50 000	500	2		1	0	0	0	0	0	现金付款
合计	50 000	500	2	¥	1	0	0	0	0	0	
人民币：壹仟元整			¥1 000.00								
开票单位：上海运输公司		经办人：李想									

第二联：发票联

14—1

收据

2012年10月30日

今收到：魏红元

人民币(大写)：壹佰元整　　¥100.00

收款事由：误工罚款

收款单位：宏达有限公司　　收款人：王微

15—1

中国工商银行(　)

空白凭证领用单(代缴费回单)

科目________　　　　NO. 12548

户名________　账号________　　2012年10月30日

凭证种类 每本页(份)数	起号	止号	名称	数量	单价	金额 百	十	元	角	分
20	521	540	现金支票	20	5	1	0	0	0	0
20	741	760	转账支票	20	5	1	0	0	0	0
合计						2	0	0	0	0
人民币(大写)贰佰元整						¥200.00				

16—1

上海市电信局电话费收据

2012 年 10 月 31 日　　NO. 5479647

付款单位		宏达有限公司			联系电话	88581588							
金额		伍仟元整			百	十	万	千	百	十	元	角	分
							¥	5	0	0	0	0	0
市话费	2 950				收款员：刘丽 2012 年 10 月 31 日								
长途电话	2 000												
基础费	50												
备注													

16—2

中国工商银行委托收款 凭证(付款通知)　5　　第 098572 号

委托日期　2012 年 10 月 31 日　付款期限 2012 年 10 月 31 日

付款人	全　称	宏达有限公司	收款人	全　称	上海市电话局										
	账号或住址	800-500-600		账号或住址	544-688-759										
	开户银行	工行上海黄埔路分理处		开户银行	工行上海聚鑫支行	行号	544								
委收金额	人民币（大写）伍仟元整				亿	千	百	十	万	千	百	十	元	角	分
									¥	5	0	0	0	0	0
款项内容	电话费	委托收款凭据名称			附寄单证张数	1									
备注：	款项收妥日期 2012 年 10 月 31 日														

此联是收款人开户行给付款人的回单

单位主管　会计　复核　记账　　付款人开户银行盖章　2012 年 10 月 31 日

17—1

上海市服务业统一发票

发票联

No. 524846

客户名称:宏达有限公司　　2012年10月31日

项目	单位	数量	单价	金额 万	千	百	十	元	角	分	备注
餐费		1	50 000	5	0	0	0	0	0	0	
合计				5	0	0	0	0	0	0	
人民币:伍万元整				￥50 000.00							

第二联:发票联

开票人:聚丰海鲜美食广场　　收款人:张啸林

17—2

中国工商银行

转账支票存根

XIV244435

附加信息:

出票日期:2012年10月31日

收款人:聚丰海鲜美食广场

金　额:￥50 000.00

用　途:餐费

单位主管:　　会计:

18—1

中国工商银行对账单

户名：宏达有限公司

2012年		摘　要	借　方	贷　方	余　额
月	日				
12	1	上期结存			2 760 000
	1	银行汇票6845#	1 000 000		1 760 000
	1	现金支票6571#	4 000		1 756 000
	1	现金支票6572#	300 000		1 456 000
	7	转账支票3584#		30 000	1 486 000
	8	税收4612#	500 000		986 000
	8	税收5462#	35 000		951 000
	8	税收6954#	8 000		943 000
	15	现金存款0035#		3 520	946 520
	18	银行汇票6845#		103 300	1 049 800
	19	电汇8321#	50 000		999 820
	19	电汇手续费	10		999 810
	30	空白凭证工本费2548#	200		999 610
	31	委托收款8572#	5 000		994 610
	31	期末结余	1 902 210	144 520	994 610

19—1

银行存款余额调节表

银行存款日记账项目	金　额	银行对账单项目	金　额
调节后余额		调节后余额	

第三章　日常往来业务核算实训

一、操作目的

提供实际操作，使学生了解企业财务核算的业务范围，熟悉各种日常业务的核算内容，主要掌握财产物资的收发及债权债务的往来核算，并了解各种类型账页的登记工作。

二、操作要求

1. 根据实际操作资料中的外来或自制的原始凭证编制记账凭证。
2. 计算材料的实际采购成本。
3. 材料发出按先进先出法核算。
4. 根据记账凭证逐日逐笔登记明细账、总账。
5. 按日结计明细账余额，月末结明细账、总账。
6. 计算提取固定资产折旧。
7. 参与财产物资的清点盘查。
8. 负责债权债务的核对。

三、操作资料

1. 安源有限公司是一家有 1 500 名职工的有限责任公司，注册资本 700 万元，主要从事机械制造业生产，为增值税一般纳税人。2012 年 12 月 1 日各账户资料如表 3－1 所示：

表 3－1　　安源有限公司 2012 年 12 月 1 日各账户资料

总账科目	二级科目	单位	数量	单价	金额
原材料	A 材料	千克	1 000	130	130 000
	B 材料	千克	1 000	50	50 000
	C 材料	千克	200	150	30 000

2. 本月发生有关业务如下(原始凭证)：

1—1

广东省增值税专用发票
发　票　联

NO.0758

开票日期：2012 年 12 月 1 日

购货单位	名　称	安源有限公司	纳税人登记号	654800965754
	地址、电话	深圳市光明路 12 号 (45685591)	开户银行及账号	工行深圳光明路支行 667-559-456

货物及应税劳务名称	单位	数量	单价	金额									税率	税额								
				百	十	万	千	百	十	元	角	分		百	十	万	千	百	十	元	角	分
电脑	台	10	5 000			5	0	0	0	0	0	0	17%				8	5	0	0	0	0
合　计					¥	5	0	0	0	0	0	0				¥	8	5	0	0	0	0
价税合计(大写)	×佰×拾伍万捌仟伍佰元整													(小写)¥58 500.00								

销货单位	名称	联想电脑公司	税务登记号	476587678
	地址、电话	深圳阳泉路 43 号 (44257790)	开户银行及账号	工行深圳阳泉路分理处 551-554-227

销售单位：联想电脑公司(章)　　收款人：于欢　　复核：尤勇　　开票人：李东

第二联：发票联　购货方记账凭证

1—2

广东省增值税专用发票
抵　扣　联

NO.0758

开票日期：2012 年 12 月 1 日

购货单位	名　称	安源有限公司	纳税人登记号	654800965754
	地址、电话	深圳市光明路 12 号 (45685591)	开户银行及账号	工行深圳光明路支行 667-559-456

货物及应税劳务名称	单位	数量	单价	金额									税率	税额								
				百	十	万	千	百	十	元	角	分		百	十	万	千	百	十	元	角	分
电脑	台	10	5 000			5	0	0	0	0	0	0	17%				8	5	0	0	0	0
合　计					¥	5	0	0	0	0	0	0				¥	8	5	0	0	0	0
价税合计(大写)	×佰×拾伍万捌仟伍佰元整													(小写)¥58 500.00								

销货单位	名称	联想电脑公司	税务登记号	476587678
	地址、电话	深圳阳泉路 43 号 (44257790)	开户银行及账号	工行深圳阳泉路分理处 551-554-227

销售单位：联想电脑公司(章)　　收款人：于欢　　复核：尤勇　　开票人：李东

第三联：抵扣联　购货方扣税凭证

1—3

固定资产验收入库单

供应单位：联想电脑公司　　　　　　2012 年 12 月 2 日

固定资产类别	固定资产名称	单　位	数 量	单　价	金　额
101	电　脑	台	10		
合　计					

第二联：记账联

验收：汪洋　　　　　　经办人：何慧　　　　　　制单：孙浩

1—4

中国工商银行

转账支票存根

XIV2435143

附加信息：

出票日期：2012 年 12 月 1 日

收 款 人：联想电脑公司

金　　额：¥58 500.00

用　　途：购电脑

单位主管：　　　　会计：

之印

2—1

中国工商银行托收承付凭证(回单)　　1

委托日期　2012 年 12 月 5 日

付款人	全　称	阳光公司	收款人	全　称	安源有限公司		
	账号或住址	664-678-644		账号或住址	667-559-456		
	开户银行	工行向阳支行		开户银行	工行深圳光明路支行	行号	667

托收金额	人民币（大写）贰拾叁万陆仟元整	亿	千	百	十	万	千	百	十	元	角	分
				¥	2	3	6	0	0	0	0	0

附件		商品发运情况	合同名称号码
附寄单证张数或册数	3	货已发出	购销合同 2056 号
备注：		款项收妥日期　年　月　日	开户银行盖章　年　月　日

中国工商银行深圳光明路支行 2012.10.12 转讫

第一联：此联是收款人开户行给收款人的回单

单位主管　　　　会计　　　　复核　　　　记账

2—2

广东省增值税专用发票

记　账　联

NO.15467

开票日期：2012 年 12 月 4 日

购货单位	名　称	阳光公司	纳税人登记号	680975628145
	地址、电话	长春市黄海路 28 号 (54963524)	开户银行及账号	工行长春市黄海路支行 452-5574

货物及应税劳务名称	单位	数量	单价	金额									税率	税额								
				百	十	万	千	百	十	元	角	分		百	十	万	千	百	十	元	角	分
甲产品	件	400	500		2	0	0	0	0	0	0	0	17%			3	4	0	0	0	0	0
合　计				¥	2	0	0	0	0	0	0	0			¥	3	4	0	0	0	0	0

价税合计(大写)	⊗佰贰拾叁万肆仟元整		(小写)¥234 000.00	
销货单位	名称	安源有限公司	税务登记号	654800965754
	地址、电话	工行深圳市光明路 12 号 (45685591)	开户银行及账号	工行深圳光明路支行 667-559-456

销售单位销售单位：安源公司(章)　　收款人：李凤　　复核：胡玉　　开票人：张清

第四联：记账联　售货方记账凭证

2—3

货物运输业增值税发票

发　票　联

NO.009100

开票日期：2012 年 12 月 4 日

购货单位或实际受票方	名　　称：阳光公司 纳税人识别号：9506832101 地 址 、电 话：长春市黄海路 28 号 开户行及账号：工行长春市黄海路 452-5574				密码区		
货物及应税劳务名称	规格型号	单位	数量	单价	金额	税率	税额
甲产品运费			400		2 000	11%	220
价税合计(大写)	贰仟贰佰贰拾元整				(小写)¥2220.00		
托运人	安源有限公司						
开票单位	名　　称：中国铁路总公司深圳分公司 纳税人识别号：265-566-987 地 址 、电 话：深圳市光明路 12 号(98581581) 开户行及账号：农行深圳市光明分理处 821-658-691				备　注		

收款人：任华　　复核：金静　　开票人：李萱　　开票单位：中国铁路总公司深圳分公司

第四联：发票联　购货方记账凭证

2—4

中国工商银行 **转账支票存根** **XIV2435144**
附加信息：
出票日期：2012 年 12 月 4 日
收 款 人：深圳铁路局
金　　额：¥2 000.00
用　　途：垫运费
单位主管：　　　　会计：

之印

3—1

辽宁省增值税专用发票

发　票　联

（辽宁 国家税务局监制）

NO.45778

开票日期：2012 年 12 月 8 日

购货单位	名　称	安源有限公司	纳税人登记号	654800965754
	地址、电话	深圳市光明路 12 号 (45685591)	开户银行及账号	工行深圳光明路支行 667-559-456

货物及应税劳务名称	单位	数量	单价	金额 百	十	万	千	百	十	元	角	分	税率	税额 百	十	万	千	百	十	元	角	分
A 材料	千克	500	140			7	0	0	0	0	0	0	17%			1	1	9	0	0	0	0
合　计					¥	7	0	0	0	0	0	0			¥	1	1	9	0	0	0	0

价税合计（大写）	×佰×拾捌万壹仟玖佰元整	（小写）¥81 900.00

销货单位	名称	海 信 公 司	税务登记号	33889327195
	地址、电话	大连海信路 521 号 (55231155)	开户银行及账号	工行大连海信路支行 466-743-322

（海信公司 发票专用章）

销售单位：海信公司（章）　　收款人：杨朵　　复核：周游　　开票人：李语

第二联：发票联　购货方记账凭证

3—2

辽宁省增值税专用发票

抵　扣　联

NO.45778

开票日期:2012 年 12 月 8 日

购货单位	名　称	安源有限公司			纳税人登记号	654800965754
	地址、电话	深圳市光明路 12 号(45685591)			开户银行及账号	工行深圳光明路支行 667-559-456
货物及应税劳务名称	单位	数量	单价	金额	税率	税额
A 材料	千克	500	140	70 000.00	17%	11 900.00
合　计				¥70 000.00		¥11 900.00
价税合计(大写)	×佰×拾捌万壹仟玖佰元整				(小写)¥81 900.00	
销货单位	名称	海信公司			税务登记号	33889327195
	地址、电话	大连海信路 521 号(55231155)			开户银行及账号	工行大连海信路支行 466-743-322

销售单位:海信公司(章)　　收款人:杨朵　　复核:周游　　开票人:李语

第三联:抵扣联　购货方记账凭证

3—3

中国工商银行电汇凭证(回单)

委托日期　2012 年 12 月 8 日　　　第 008321 号

汇款人	全　称	安源有限公司			收款人	全　称	海 信 公 司		
	账　号或住址	667-559-456				账　号或住址	466-743-322		
	汇　出地　点	广东省深圳市县	汇出行名　称	工行光明路支行		汇　出地　点	广东省大连市县	汇出行名　称	工行海信路分理处
金额	人民币(大写)捌万壹仟玖佰元整						¥81 900.00		
汇款用途:购货					汇出行盖章		年　月　日		
单位主管　会计　复核　记账									

(印章:中国工商银行深圳光明路支行 2012.12.08 转讫)

第一联:此联是汇出行交给汇款人的回单

4—1

河北省增值税专用发票

发 票 联

NO.74897

开票日期:2012 年 12 月 8 日

购货单位	名　称	安源有限公司	纳税人登记号	654800965754
	地址、电话	深圳市光明路 12 号 (45685591)	开户银行及账号	工行深圳光明路支行 667-559-456

货物及应税劳务名称	单位	数量	单价	金　额									税率	税额								
				百	十	万	千	百	十	元	角	分		百	十	万	千	百	十	元	角	分
C 材料	千克	500	120			6	0	0	0	0	0	0	17%			1	0	2	0	0	0	0
合　计					¥	6	0	0	0	0	0	0			¥	1	0	2	0	0	0	0
价税合计(大写)	×佰×拾柒万零贰佰元整													(小写)¥70 200.00								

销货单位	名称	西南有限公司	税务登记号	654-544-887
	地址、电话	沧州西南路 33 号 (55197720)	开户银行及账号	农行沧州西南路分理处 554-555-445

销售单位:　　　　(章)　　收款人:杨朵　　　复核:周游　　　　开票人:李语

第二联：发票联　购货方记账凭证

4—2

河北省增值税专用发票

抵 扣 联

NO.74897

开票日期:2012 年 12 月 8 日

购货单位	名　称	安源有限公司	纳税人登记号	654800965754
	地址、电话	深圳市光明路 12 号 (45685591)	开户银行及账号	工行深圳光明路支行 667-559-456

货物及应税劳务名称	单位	数量	单价	金　额									税率	税额								
				百	十	万	千	百	十	元	角	分		百	十	万	千	百	十	元	角	分
C 材料	千克	500	120			6	0	0	0	0	0	0	17%			1	0	2	0	0	0	0
合　计					¥	6	0	0	0	0	0	0			¥	1	0	2	0	0	0	0
价税合计(大写)	×佰×拾柒万零贰佰元整													(小写)¥70 200.00								

销货单位	名称	西南有限公司	税务登记号	654-544-887
	地址、电话	沧州西南路 33 号 (55197720)	开户银行及账号	农行沧州西南路分理处 554-555-445

销售单位:　　　　(章)　　收款人:杨朵　　　复核:周游　　　　开票人:李语

第二联：发票联　购货方记账凭证

4—3

材料验收入库单

供应单位：西南有限公司　　　　2012 年 12 月 8 日

材料类别	材料名称	单　位	数量	实收数量	单　价	金　额
101	C 材料	千克	500	500		
合　计			500	500		

第二联：记账联

仓库主管：张亮　　材料会计：余姚　　收料员：王菊花　　经办人：李林　　制单：孙浩

5—1

中国工商银行借款凭证

银行编号：475452　　　　2012 年 12 月 15 日

<table>
<tr><td>贷款单位</td><td>安源有限公司</td><td colspan="4">贷款申请书编号</td><td colspan="2">2564</td><td>贷款利率</td><td>7%</td><td>存款账号</td><td>667-559-456</td></tr>
<tr><td rowspan="2">贷款金额</td><td rowspan="2">玖拾万元整</td><td>十</td><td>万</td><td>千</td><td>百</td><td>十</td><td>元</td><td>角</td><td>分</td><td rowspan="2">还款日期</td><td rowspan="2">2013 年 6 月 15 日</td></tr>
<tr><td>9</td><td>0</td><td>0</td><td>0</td><td>0</td><td>0</td><td>0</td><td>0</td></tr>
<tr><td rowspan="2">银行核定金　额</td><td rowspan="2" colspan="5">人民币
（大写）玖拾万元整</td><td colspan="4">银行核定还款日期</td><td colspan="2">2013 年 6 月 15 日</td></tr>
<tr><td colspan="4">银行实际放出日期</td><td colspan="2">2012 年 12 月 15 日</td></tr>
</table>

中国工商银行深圳光明路支行 2012.12.15 转讫

第二联：记账联

单位：深圳市工行　　记账：杨泉　　复核：曹玉　　制单：尹红

6—1

材料验收入库单

供应单位：海信公司　　　　2012 年 12 月 15 日

材料类别	材料名称	单　位	数量	实收数量	单　价	金　额
101	A 材料	千克	500	500		
合　计			500	500		

第二联：记账联

仓库主管：张亮　　材料会计：余姚　　收料员：王菊花　　经办人：李林　　制单：孙浩

7—1

广东省增值税专用发票

记 账 联

NO.15467

开票日期：2012 年 12 月 20 日

购货单位	名 称	信恒集团	纳税人登记号	48797946
	地址、电话	温州市清滨路 288 号（54963524）	开户银行及账号	工行温州市清滨支行 868-443-325

货物及应税劳务名称	单位	数量	单价	金额 百	十	万	千	百	十	元	角	分	税率	税额 百	十	万	千	百	十	元	角	分
乙产品	件	500	400		2	0	0	0	0	0	0	0	17%			3	4	0	0	0	0	0
合 计				¥	2	0	0	0	0	0	0	0			¥	3	4	0	0	0	0	0

价税合计（大写）		×佰贰拾叁万肆仟元整		（小写）¥234 000.00
销货单位	名称	安源有限公司	税务登记号	965754
	地址、电话	深圳市光明路 12 号（45685591）	开户银行及账号	工行深圳光明路支行 667-559-456

销售单位：安源公司（章）　　收款人：李凤　　复核：胡玉　　开票人：张清

第四联：记账联　售货方记账凭证

7—2

银行承兑汇票　　2

出票日期　贰零壹贰年壹拾贰月零贰拾日　　第 5973 号

付款人	全 称	信恒集团		收款人	全 称	安源有限公司	
	账 号或住址	868-443-325			账 号或住址	667-559-456	
	汇 出地 点	浙江省温州市县	汇出行名 称：工行清滨支行		汇 出地 点	广东省深圳市县	汇出行名 称：工行光明路支行

出票金额	人民币（大写）贰拾叁万肆仟元整	亿	千	百	十	万	千	百	十	元	角	分
				¥	2	3	4	0	0	0	0	0

汇票到期日	2013 年 3 月 20 日	交易合同号码	2568
本汇票已经承兑，到期无条件支付票款 承兑人签章 承兑日期 2012 年 12 月 20 日		本汇票请予以承兑于到期日付款 出票人签章	

此联持票人开户行寄付款人开户行作借方凭证

8—1

河北省增值税专用发票

发 票 联

NO.48877

开票日期:2012 年 12 月 20 日

购货单位	名 称	安源有限公司	纳税人登记号	654800965754
	地址、电话	深圳市光明路 12 号 (45685591)	开户银行及账号	工行深圳光明路支行 667-559-456

货物及应税劳务名称	单位	数量	单价	金额									税率	税额								
				百	十	万	千	百	十	元	角	分		百	十	万	千	百	十	元	角	分
木箱	只	1 000	12			1	2	0	0	0	0	0	17%				2	0	4	0	0	0
合 计					¥	1	2	0	0	0	0	0				¥	2	0	4	0	0	0

价税合计(大写)	×佰×拾壹万肆仟零肆拾元整	(小写)¥14 040.00		
销货单位	名称	胜利有限公司	税务登记号	5897778
	地址、电话	石家庄大直路 65 号 (56854432)	开户银行及账号	建行石家庄大直路分理处 562-214-547

销售单位:胜利公司(章)　　收款人:刘爽　　复核:王亚　　开票人:李燕妮

第二联：发票联 购货方记账凭证

8—2

河北省增值税专用发票

抵 扣 联

NO.48877

开票日期:2012 年 12 月 20 日

购货单位	名 称	安源有限公司	纳税人登记号	654800965754
	地址、电话	深圳市光明路 12 号 (45685591)	开户银行及账号	工行深圳光明路支行 667-559-456

货物及应税劳务名称	单位	数量	单价	金额									税率	税额								
				百	十	万	千	百	十	元	角	分		百	十	万	千	百	十	元	角	分
木箱	只	1 000	12			1	2	0	0	0	0	0	17%				2	0	4	0	0	0
合 计					¥	1	2	0	0	0	0	0				¥	2	0	4	0	0	0

价税合计(大写)	×佰×拾壹万肆仟零肆拾元整	(小写)¥14 040.00		
销货单位	名称	胜利有限公司	税务登记号	5897778
	地址、电话	石家庄大直路 65 号 (56854432)	开户银行及账号	建行石家庄大直路分理处 562-214-547

销售单位:胜利公司(章)　　收款人:刘爽　　复核:王亚　　开票人:李燕妮

第三联：抵扣联 购货方记账凭证

8—3

材料验收入库单

供应单位：胜利有限公司　　　　2012年12月20日

材料类别	材料名称	单位	数量	实收数量	单价	金额
周转材料	木箱	只	1 000	1 000		
合计			1 000	1 000		

第二联：记账联

仓库主管：张亮　　材料会计：余姚　　收料员：王菊花　　经办人：李林　　制单：孙浩

9—1

固定资产报废单

2012年12月21日

名称编号	规格序号	单位	数量	预计使用年限	已使用年限	原值	已提折旧	备注
电脑		台	10	10年	6年	60 000	40 000	已提减值2 000元
报废原因	电脑设备陈旧\无法使用							
使用部门	技术鉴定			管理部门			主管部门	
生产车间	设备陈旧\无法使用			同意报废			同意报废	

（印章：安源有限公司 财务专用章；安源国有资产管理局）

制单：陈剑

10—1

中国工商银行信汇凭证（收账通知）

委托日期　2012年12月22日　　　　第6572号

汇款人	全称	美华公司		收款人	全称	安源公司	
	账号或住址	578-998-557			账号或住址	667-559-456	
	汇出地点	山东省青岛市县	汇出行名称：工行青岛分行		汇出地点	广东省深圳市县	汇出行名称：工行光明路支行
金额	人民币（大写）伍万元整					亿 千 百 十 万 千 百 十 元 角 分	￥ 5 0 0 0 0 0 0
汇款用途：预付购货款				汇出行盖章		年 月 日	
单位主管　会计　复核　记账							

（印章：中国工商银行深圳光明路支行 2012.12.22 转讫）

第二联：此联是汇出行交给汇款人的回单

10—2

收 据

2012 年 12 月 22 日

今 收 到：美华公司

人民币(大写)：伍万元整 ￥50 000.00

收 款 事 由：预付购货款

收款人:吴宇

11—1

广东省运输业发票

发 票 联

客户名称:安源有限公司 2012 年 12 月 25 日 No. 4654

货 号	件 数	重量(千克)	单 价	金额 万	千	百	十	元	角	分	备注
废旧电脑运输费	10					5	0	0	0	0	
合计金额 人民币:伍佰元整					￥	5	0	0	0	0	
开 票 单 位:深圳运输公司		收款人:祁宏									

第二联：发票联

11—2

中国工商银行

转账支票存根

XIV2435145

附加信息：

出票日期:2012 年 12 月 25 日

收 款 人:深圳市运输公司

金 额:￥500.00

用 途:报废电脑运费

单位主管： 会计：

12－1

收　　据

2012 年 12 月 25 日

今　收　到：王伟

人民币(大写)：捌佰元整　　　　　　　　　　¥800.00

收 款 事 由：废旧电脑清理收入

收款人：李莉

13－1

固定资产清理损益报告单

编报单位：生产车间　　　　2012 年 12 月 25 日　　　　单位：元

<table>
<tr><th rowspan="2">固定资产名称</th><th rowspan="2">借方发生额</th><th rowspan="2">贷方发生额</th><th colspan="2">应结转差额</th></tr>
<tr><th>借方</th><th>贷方</th></tr>
<tr><td>电脑</td><td></td><td></td><td></td><td></td></tr>
<tr><td></td><td></td><td></td><td></td><td></td></tr>
</table>

14－1

偿还贷款凭证　(第一联)

2012 年 12 月 25 日

<table>
<tr><td>借款单位名称</td><td>安源有限公司</td><td>贷款账户</td><td colspan="13">8764545</td></tr>
<tr><td rowspan="2">还款金额(大写)</td><td colspan="2" rowspan="2">捌万元整</td><td colspan="2"></td><td>亿</td><td>千</td><td>百</td><td>十</td><td>万</td><td>千</td><td>百</td><td>十</td><td>元</td><td>角</td><td>分</td></tr>
<tr><td colspan="2"></td><td></td><td></td><td></td><td>¥</td><td>8</td><td>0</td><td>0</td><td>0</td><td>0</td><td>0</td><td>0</td></tr>
<tr><td>贷款种类</td><td>长期借款</td><td>借款日期</td><td colspan="4">2012 年 12 月 25 日</td><td colspan="4">还款日期</td><td colspan="5">2012年12月25日</td></tr>
<tr><td colspan="2">上列款项已有本单位账户内偿还到期贷款
借款单位章</td><td colspan="14">记账号</td></tr>
</table>

15－1

中国工商银行进账单（回单）

2012 年 12 月 28 日　　　　第 0056985 号

出票人	全　称	华晨公司	持票人	全　称	安源有限公司
	账　号	854-668-951		账　号	667-559-456
	开户银行	工行深圳市农林路支行		开户银行	工行深圳市光明路支行

金额	人民币（大写）捌万元整	亿	千	百	十	万	千	百	十	元	角	分
					¥	8	0	0	0	0	0	0

票据种类	转账支票	中国工商银行深圳光明路支行 2012.12.28 转讫 开户银行签章
票据张数	1	
复核　　记账		

第二联：此联是开户银行交给持票人的回单

备注：已作坏账处理

16－1

贴现凭证（收账通知）

填写日期　贰零壹贰年壹拾贰月贰拾玖日　　　　第 5973 号

申请人	全　称	安源有限公司	贴现汇票	种类	银行承兑汇票	号码	
	开户行账　号	工行深圳市光明路支行 667-559-456		发票日	2012 年 10 月 20 日		
				到期日	2013 年 4 月 20 日		
	汇票承兑人	信恒集团	账号	867-646-325	开户行	工行温州清滨支行	

汇票到期金额	人民币（大写）贰拾叁万肆仟元整	亿	千	百	十	万	千	百	十	元	角	分
				¥	2	3	4	0	0	0	0	0

年贴现率	贴现息	千	百	十	万	千	百	十	元	角	分
6%				¥	4	6	8	0	0	0	

贴现净额	亿	千	百	十	万	千	百	十	元	角	分
			¥	2	2	9	3	2	0	0	0

本汇票已经承兑，到期无条件支付票款 承兑人签章 承兑日期 2012 年 12 月 29 日	上述款项已入你单位账户 中国工商银行深圳光明路支行 2012.12.29 转讫 银行签章

此联是持票人开户行寄付款人开户行作借方凭证

17—1

材 料 出 库 单

领料单位：一车间　　　　　　　　2012 年 12 月 30 日

用　　途：包装甲产品

材料类别	材料名称	单　位	数　量		单　价	金　额	备注
			请领	实领			
周转材料	木箱	只	500	500			
合　　计			500	500			

第二联：记账联

仓库主管：杨爽　　材料会计：谢丽　　收料员：何雨　　经办人：李乐　　制单：赵云

18—1

材料盘盈盘亏报告单

部门：材料仓库　　　　　　　　2012 年 12 月 30 日

编号	品名规格	单位	账面数量	实存数量	盘　盈		盘　亏		原　因
					数量	金额	数量	金额	
A 材料		千克			5	700			原因待查
B 材料		千克					8	400	水　灾
C 材料		千克					6	900	自然损耗
处理意见		保管部门		清查小组			审批部门		
		水灾所致，保险公司应予赔偿 50%		同意保管部门意见			物资科		

供应部门负责人：张三丰　　保管：芳华雨　　清点人：李冰

第四章　成本及损益

一、操作目的

提供实际操作，使学生了解成本及损益岗位的业务范围、核算内容，熟悉产品成本、费用的分配以及月末损益的结转。

二、操作要求

1. 设置生产成本、制造费用总账及相应的明细账，登记期初余额。
2. 根据实际操作资料中的外购或自制的原始凭证编制记账凭证。
3. 分配工资，并计提福利费、工会经费、职工教育费。
4. 计算产品生产成本。
5. 月末计算增值税、消费税、营业税、企业所得税、个人所得税及纳税申报。
6. 月末结转制造费用、结转损益。
7. 根据记账凭证逐笔登记生产成本、制造费用的明细账、总账。
8. 月末结记生产成本、制造费用明细账、总账。

三、操作资料

1. 益翔有限公司是一家有800名职工的有限责任公司，注册资本300万元，主要从事家具生产，为增值税一般纳税人。

2. 本月发生有关业务如下(原始凭证)：

1—1

天津市增值税专用发票

记 账 联

NO.0456

开票日期:2012 年 8 月 1 日

购货单位	名称	锦绣公司	纳税人登记号	5774332577
	地址、电话	沈阳市锦绣路 55 号 (44562675)	开户银行及账号	工行沈阳市锦绣支行 868-443-325

货物及应税劳务名称	单位	数量	单价	金额									税率	税额								
				百	十	万	千	百	十	元	角	分		百	十	万	千	百	十	元	角	分
电脑桌	张	500	600		3	0	0	0	0	0	0	0	17%			5	1	0	0	0	0	0
合计				¥	3	0	0	0	0	0	0	0			¥	5	1	0	0	0	0	0
价税合计(大写)	×佰叁拾伍万壹仟元整												(小写)¥351 000.00									

销货单位	名称	益翔有限公司	税务登记号	6677854
	地址、电话	天津市建设路 12 号 (6548545)	开户银行及账号	工行天津市建设路分理处 868-443-325

销售单位:益翔有限公司(章)　　收款人:何欢　　复核:张云　　开票人:李祥

第四联:记账联 售货方记账凭证

2—1

加工修理业专用发票

发 票 联

密码

税务登记号:45346345　　发票号 NO.10345677

收款单位:腾飞修理行

付款单位(个人):益翔有限公司

经营项目	金额
车间设备修理费	800.00
金额合计(人民币大写)捌佰元整	
机打票号:2646556	税控装置号:3456788
税控防伪码:6EEC507788965AW	开票日期:2012 年 8 月 1 日

收款单位(盖章有效)

3—1

天津市增值税专用发票

记　账　联

NO.0457

开票日期:2012 年 8 月 5 日

购货单位	名　称	青山公司	纳税人登记号	955466258364
	地址、电话	丹东市青山路 213 号（55168534）	开户银行及账号	工行丹东市青山路支行 655-544

货物及应税劳务名称	单位	数量	单价	金额									税率	税额								
				百	十	万	千	百	十	元	角	分		百	十	万	千	百	十	元	角	分
单人床	张	500	800		4	0	0	0	0	0	0	0	17%			6	8	0	0	0	0	0
合　计				¥	4	0	0	0	0	0	0	0			¥	6	8	0	0	0	0	0
价税合计(大写)	×佰肆拾陆万捌仟元整													(小写)¥468 000.00								

销货单位	名称	益翔有限公司	税务登记号	6677854
	地址、电话	天津市建设路 12 号（6548545）	开户银行及账号	工行天津市建设路分理处 868-443-325

销售单位:益翔有限公司(章)　　收款人:何欢　　复核:张云　　开票人:李祥

第四联:记账联　售货方记账凭证

4—1

环路养路费缴讫证

编号:45784164

车主名称	益翔有限公司			费别	金额(元)
车类	轿车			环路养路费	3 000.00
车牌号	C1896			滞纳金	
核定吨位		计费吨位		重点公路建设费	
合计金额人民币(大写)叁仟元整					
有效期	2012 年 9 月 1 日至 2013 年 8 月 31 日			年包费	12 个月
签发单位	(章) 2012 年 8 月 5 日			经办人	(章)

4－2

中国工商银行 **转账支票存根** **XIV246544**
附加信息：
出票日期：2012 年 8 月 5 日
收 款 人：天津市养路维护中心
金　　额：¥3 000.00
用　　途：养路费
单位主管：　　　　会计：

5－1

天津市增值税专门发票

记　账　联

NO.0458

开票日期：2012 年 8 月 5 日

<table>
<tr><td rowspan="2">购货单位</td><td>名　称</td><td colspan="3">永盛公司</td><td colspan="9">纳税人登记号</td><td colspan="10">6279543</td></tr>
<tr><td>地址、电话</td><td colspan="3">南京市永盛路 35 号
(46797555)</td><td colspan="9">开户银行及账号</td><td colspan="10">工行南京市永盛路支行
565-544</td></tr>
<tr><td colspan="2" rowspan="2">货物及应税劳务名称</td><td rowspan="2">单位</td><td rowspan="2">数量</td><td rowspan="2">单价</td><td colspan="9">金　额</td><td rowspan="2">税率</td><td colspan="9">税额</td></tr>
<tr><td>百</td><td>十</td><td>万</td><td>千</td><td>百</td><td>十</td><td>元</td><td>角</td><td>分</td><td>百</td><td>十</td><td>万</td><td>千</td><td>百</td><td>十</td><td>元</td><td>角</td><td>分</td></tr>
<tr><td colspan="2">C材料</td><td>千克</td><td>1 000</td><td>200</td><td></td><td>2</td><td>0</td><td>0</td><td>0</td><td>0</td><td>0</td><td>0</td><td>0</td><td>17%</td><td></td><td></td><td>3</td><td>4</td><td>0</td><td>0</td><td>0</td><td>0</td><td>0</td></tr>
<tr><td colspan="2"></td><td></td><td></td><td></td><td></td><td></td><td></td><td></td><td></td><td></td><td></td><td></td><td></td><td></td><td></td><td></td><td></td><td></td><td></td><td></td><td></td><td></td><td></td></tr>
<tr><td colspan="2"></td><td></td><td></td><td></td><td></td><td></td><td></td><td></td><td></td><td></td><td></td><td></td><td></td><td></td><td></td><td></td><td></td><td></td><td></td><td></td><td></td><td></td><td></td></tr>
<tr><td colspan="2">合　计</td><td></td><td></td><td></td><td>¥</td><td>2</td><td>0</td><td>0</td><td>0</td><td>0</td><td>0</td><td>0</td><td>0</td><td></td><td></td><td>¥</td><td>3</td><td>4</td><td>0</td><td>0</td><td>0</td><td>0</td><td>0</td></tr>
<tr><td colspan="24">价税合计（大写）　×佰贰拾叁万肆仟元整　　　　（小写）¥234 000.00</td></tr>
<tr><td rowspan="2">销货单位</td><td>名称</td><td colspan="3">益翔有限公司</td><td colspan="9">税务登记号</td><td colspan="10">6677854</td></tr>
<tr><td>地址、电话</td><td colspan="3">天津市建设路 12 号
(6548545)</td><td colspan="9">开户银行及账号</td><td colspan="10">工行天津市建设路分理处
868-443-325</td></tr>
</table>

第四联：记账联　售货方记账凭证

销售单位：益翔有限公司（章）　　收款人：何欢　　复核：张云　　开票人：李祥

5—2

中国工商银行进账单(回单)

2012年8月5日　　　　第006785号

<table>
<tr><td rowspan="3">出票人</td><td>全　称</td><td>永盛公司</td><td rowspan="3">持票人</td><td>全　称</td><td colspan="11">益翔有限公司</td></tr>
<tr><td>账　号</td><td>655-544</td><td>账　号</td><td colspan="11">868-443-325</td></tr>
<tr><td>开户银行</td><td>南京市永盛路分理处</td><td>开户银行</td><td colspan="11">工行天津市建设路分理处</td></tr>
<tr><td rowspan="2">金额</td><td colspan="4" rowspan="2">人民币
(大写)贰拾叁万肆仟元整</td><td>亿</td><td>千</td><td>百</td><td>十</td><td>万</td><td>千</td><td>百</td><td>十</td><td>元</td><td>角</td><td>分</td></tr>
<tr><td></td><td></td><td>¥</td><td>2</td><td>3</td><td>4</td><td>0</td><td>0</td><td>0</td><td>0</td><td>0</td></tr>
<tr><td colspan="2">票据种类</td><td>银行汇票</td><td colspan="13" rowspan="3">中国工商银行天津建设路分理处
2012.08.05
转讫

开户银行签章</td></tr>
<tr><td colspan="2">票据张数</td><td>1</td></tr>
<tr><td colspan="3">复核　　　记账</td></tr>
</table>

第二联：此联是开户银行交给持票人的回单

5—3

材料出库单

2012年8月5日

领料单位：销售部

用　　途：销　售

<table>
<tr><td rowspan="2">材料类别</td><td rowspan="2">材料名称</td><td rowspan="2">单　位</td><td colspan="2">数　量</td><td rowspan="2">单　价</td><td rowspan="2">金　额</td><td rowspan="2">备注</td></tr>
<tr><td>请领</td><td>实领</td></tr>
<tr><td>主要材料</td><td>C材料</td><td>千克</td><td>1 000</td><td>1 000</td><td>330</td><td>330 000</td><td></td></tr>
<tr><td></td><td></td><td></td><td></td><td></td><td></td><td></td><td></td></tr>
<tr><td></td><td></td><td></td><td></td><td></td><td></td><td></td><td></td></tr>
<tr><td colspan="3">合　　计</td><td>1 000</td><td>1 000</td><td>330</td><td>330 000</td><td></td></tr>
</table>

仓库主管：李丽　　材料会计：张强　　收料员：赵乐　　经办人：赵馨　　制单：尤勇

第二联：记账联

6—1

收　　据

2012年8月12日

今　收　到：王述

人民币(大写)：伍佰元整　　　　¥500.00

收 款 事 由：误工费

收款单位：益翔有限公司　　　　收款人：王微

天津市益翔有限公司 2012.08.12 现金收讫 (01)

7—1

天津市　　门诊医疗费收据

姓名：王一凡

项目	百	十	元	角	分	
检查费	3	0	0	0	0	
治疗费						
手术费						
化验费		8	0	0	0	
输血费						
输氧费						备注：
观察费						1. 收据遗失不补
B超费						2. 无收讫印无效
采血费						3. 检查包括心电、脑电、镜检
消毒费						
中药费						
西药费	5	6	3	0	0	
合计	9	4	3	0	0	¥943.00
人民币（大写）：玖佰肆拾叁元整						

（印章：天津市第一人民医院 财务专用章）

8—1

材料出库单

领料单位：二车间　　2012年8月19日

用　　途：加工电脑桌

材料类别	材料名称	单　位	数　量		单　价	金　额	备注
			请领	实领			
主要材料	B材料	千克	1 000	1 000	110	110 000	
合　　计			1 000	1 000	110	110 000	

第二联：记账联

仓库主管：李丽　　材料会计：张强　　收料员：赵乐　　经办人：赵馨　　制单：尤勇

9—1

天津市零售业统一发票

发　票　联

（印章：天津 国家税务局监制）

客户名称：益翔有限公司　　2012年8月20日　　No.4846

项　　目	单　位	数　量	单　价	金额 万	千	百	十	元	角	分	备注
办公用品		1	320		2	3	2	0	0	0	
合计金额　人民币（大写）：贰仟叁佰贰拾元整				¥	2	3	2	0	0	0	

第二联：发票联

（印章：天津精益文教商店 财务专用章）

开票人：天津精益文教商店　　收款人：王小渔

9—2

中国工商银行

转账支票存根

XIV246544

附加信息：

出票日期：2012 年 8 月 5 日

收　款　人：天津精益文教商店

金　　额：¥2 320.00

用　　途：办公用品费

单位主管：　　　　　　会计：

10—1

天津市定额专用发票（八张）

发　票　联

发票号 20101231555569800000　　　　兑奖区

密码

税务登记号：

付款单位（个人）：

经营项目：

壹 佰 元

收款单位（盖章有效）　　　　发票号 20120815545870

开票日期 2012 年 8 月 15 日

11—1

材　料　出　库　单

领料单位：一车间

用　　途：加工单人床　　　　　　2012 年 8 月 22 日

材料类别	材料名称	单　位	数　量		单　价	金　额	备注
			请领	实领			
主要材料	A 材料	千克	2 000	2 000	120	240 000	
合　计			2 000	2 000	120	240 000	

第二联：记账联

仓库主管：李丽　　材料会计：张强　　收料员：赵乐　　经办人：赵馨　　制单：尤勇

12—1

服务业、娱乐业、文化体育业专用发票

发 票 联

全国统一发票监制章 天津 国家税务局监制

密码

税务登记号:45646　　　　发票号 NO.4545448

收款单位:鹏飞广告公司

付款单位(个人):益翔有限公司

经营项目	金额
广告费	50 000.00
金额合计(人民币大写)伍万元整	
机打票号:2635654	税控装置号:75545487
税控防伪码:6EEC507788965AW	
	开票日期:2012年8月31日

鹏飞广告公司 财务专用章

收款单位(盖章有效)

12—2

中国工商银行
转账支票存根
XIV246546

附加信息:
出票日期:2012年8月31日
收 款 人:鹏飞广告公司
金　　额:¥50 000.00
用　　途:广告费
单位主管:　　　　会计:

13—1

天津市供电局电费收据(第三联)

2012年8月31日

用　户	益翔有限公司	地　址	天津市建设路12号
本月指数	15 000	上月指数	5 000
实用电量(度)	10 000	单　价	0.60
金额(大写)	人民币陆仟元整		¥6 000.00
备　注			

天津市供电局 财务专用章

收款单位:天津市供电局　　　　核实员:李煜

13—2

十二月份电费分配表

部　门	用电量(度)	金　额(元)
生产车间——单人床	3 500	2 100
——电脑桌	3 300	1 980
生产车间一般耗用	800	480
行政管理部门	1 400	840
销售部门	1 000	600
合　　计	10 000	6 000

财务主管：刘玉　　　　审核：张寒　　　　制单：尤勇

13—3

中国工商银行 **转账支票存根** **XIV246547**
附加信息：
出票日期：2012 年 8 月 31 日
收 款 人：天津市供电局
金　　额：¥6 000.00
用　　途：电费
单位主管：　　　　会计：

14—1

天津市自来水公司水费发票

发　票　联

客户名称：益翔有限公司　　　　2012 年 8 月 31 日　　　　No. 6893

服务项目	用水性质	水　量	计量单位	单　价	金　额						
					万	千	百	十	元	角	分
本月水费	生产及生活用水	8 000	吨	0.50		4	0	0	0	0	0
					¥	4	0	0	0	0	0
合计金额 人民币(大写)：肆仟元整					¥4 000.00						

第二联：发票联

收款人：天津市自来水公司　　　　收款人：丁杨

14—2

12月份水费分配表

部　门	金　额(元)
生产车间——单人床	1 200
——电脑桌	1 800
生产车间一般耗用	400
行政管理部门	600
合　计	4 000

财务主管：刘玉　　审核：张寒　　制单：尤勇

14—3

中国工商银行委托收款　凭证(付款通知)　5

第56752号

委托日期　2012年8月28日　　付款期限 2012年8月31日

<table>
<tr><td rowspan="3">付款人</td><td>全　称</td><td colspan="3">益翔有限公司</td><td rowspan="3">收款人</td><td>全　称</td><td colspan="11">天津市自来水公司</td></tr>
<tr><td>账号或住址</td><td colspan="3">868-443-325</td><td>账号或住址</td><td colspan="11">824-359-454</td></tr>
<tr><td>开户银行</td><td colspan="3">工行天津市建设路分理处</td><td>开户银行</td><td colspan="6">工行天津市淮海路分理处</td><td colspan="3">行号</td><td colspan="2">824</td></tr>
<tr><td rowspan="2">委收金额</td><td colspan="6" rowspan="2">人民币
(大写) 肆仟元整</td><td>亿</td><td>千</td><td>百</td><td>十</td><td>万</td><td>千</td><td>百</td><td>十</td><td>元</td><td>角</td><td>分</td></tr>
<tr><td></td><td></td><td></td><td></td><td>¥</td><td>4</td><td>0</td><td>0</td><td>0</td><td>0</td><td>0</td></tr>
<tr><td>款项内容</td><td colspan="2">水费</td><td>委托收款凭据名称</td><td colspan="3">收据</td><td colspan="5">附寄单证张数</td><td colspan="6">1</td></tr>
<tr><td colspan="2">备注：</td><td colspan="5">款项收妥日期

2012年8月31日</td><td colspan="11"></td></tr>
</table>

（印章：中国工商银行天津建设路分理处 2012.08.28 转讫）

单位主管　　会计　　复核　　记账　　付款人开户银行盖章 2012年8月28日

此联是收款人开户行给付款人的付款通知

15－1

中国工商银行(付款通知)
特种转账借方传票

2012年8月31日

<table>
<tr><td rowspan="3">付款单位</td><td>全　称</td><td colspan="3">益翔有限公司</td><td rowspan="3">收款单位</td><td>全　称</td><td colspan="3">天津市工行</td></tr>
<tr><td>账　号
或住址</td><td colspan="3">868-443-325</td><td>账　号
或住址</td><td colspan="3">589-225-648</td></tr>
<tr><td>开　户
银　行</td><td>工行天津市建设路分理处</td><td>行号</td><td>868</td><td>开　户
银　行</td><td>本行</td><td>行号</td><td>589</td></tr>
<tr><td>金额</td><td colspan="6">人民币
(大写)陆仟陆佰元整</td><td colspan="3">亿 千 百 十 万 千 百 十 元 角 分
¥ 6 6 0 0 0 0</td></tr>
<tr><td colspan="2">原凭证金额</td><td colspan="5">贰拾万元整</td><td colspan="3" rowspan="3">科　目(借)____________
对方科目(贷)____________
会计：　复核：　记账：</td></tr>
<tr><td colspan="2">原凭证名称</td><td colspan="3">借款凭证</td><td>号　码</td><td>58</td></tr>
<tr><td colspan="2">转账原因</td><td colspan="5">支付本季度借款利息</td></tr>
</table>

印章：中国工商银行天津建设路分理处 2012.08.28 转讫

此联是通知付款人付款的通知联

注：6月、7月已分别计提2 200元

16－1

工 资 结 算 表

2012年8月31日　　　　单位：元

人　员	应付工资			代扣款			实发工资
	基本工资	津　贴	合　计	公积金	税金	合计	
单人床生产工人	180 000	60 000	240 000				240 000
电脑桌生产工人	120 000	40 000	160 000				160 000
车间管理人员	30 000	15 000	45 000		1 000	1 000	44 000
公司管理人员	100 000	45 000	145 000		12 000	12 000	133 000
在建工程人员	8 000	2 000	10 000				10 000
合　计	438 000	162 000	600 000		13 000	13 000	587 000

财务主管：刘玉　　　　审核：张寒　　　　制单：尤勇

16—2

应付福利费计提表

2012 年 8 月 31 日　　　　单位,元

人　员	计提基数(工资总额)	提取比例(%)	应提取福利费(元)
单人床生产工人	240 000	14	33 600
电脑桌生产工人	160 000	14	22 400
车间管理人员	45 000	14	6 300
公司管理人员	145 000	14	10 300
在建工程人员	10 000	14	1 400
合　计	600 000	14	84 000

财务主管：刘玉　　　　审核:张寒

17—1

固定资产折旧计算表

2012 年 8 月 31 日　　　　单位,元

部　门	应计提折旧的固定资产原价	月折旧率	本月折旧额(元)
管理部门	2 000 000	1%	20 000
车　间	7 800 000	2%	156 000
合　计	9 800 000		176 000

财务主管：刘玉　　　　审核:张寒　　　　制单:尤勇

18—1

制造费用分配表

2012 年 8 月 31 日

产品名称	生产工人工资(元)	分配率(%)	分配额(元)
单人床			
电脑桌			
合　计			
备注:按生产工人工资比例分配制造费用			

财务主管：刘玉　　　　审核:张寒　　　　制单:尤勇

19—1

产品生产成本计算单

产品名称:单人床　　　　2012 年 8 月 31 日

本月完工产量:2 000 件

成本项目	总成本(元)	单位成本(元)
直接材料		
直接人工		
制造费用		
其他直接费用		
合　计		

财务主管：刘玉　　　　审核:张寒　　　　制单:尤勇

19—2

产品生产成本计算单

产品名称：电脑桌　　　　2012 年 8 月 31 日

本月完工产量：2 300 件

成本项目	总成本（元）	单位成本（元）
直接材料		
直接人工		
制造费用		
合　计		

财务主管：刘玉　　　　审核：张寒　　　　制单：尤勇

20—1

产品销售成本计算表

2012 年 8 月 31 日

产 品 名 称	销 售 数 量（件）	单 位 成 本（元）	总 成 本（元）
单 人 床			
电 脑 桌			
合　计			

财务主管：刘玉　　　　审核：张寒　　　　制单：尤勇

21—1

中华人民共和国
增值税税收缴款书　国

经济类型：国有　　　　填发日期：2012 年 8 月 31 日　　　　收入机关：天津市国家税务局

<table>
<tr><td rowspan="3">缴款单位（人）</td><td>全　称</td><td colspan="3">益翔有限公司</td><td rowspan="2">预算科目</td><td>款　项</td><td colspan="10">增值税</td></tr>
<tr><td>开户银行</td><td colspan="3">工行天津市建设路分理处</td><td>级　次</td><td colspan="10">市级</td></tr>
<tr><td>账　号</td><td colspan="3">868-443-325</td><td colspan="2">收款国库</td><td colspan="10">中心支库</td></tr>
<tr><td colspan="5">税款所属时期　2012 年 8 月 1～31 日</td><td colspan="12">税款限缴时期　2012 年 9 月 10 日</td></tr>
<tr><td rowspan="2" colspan="2">品目名称</td><td rowspan="2">课税数量</td><td rowspan="2">计税金额或主营业务收入</td><td rowspan="2">税率或单位税额</td><td rowspan="2" colspan="2">已缴或扣除额</td><td colspan="10">实缴税额</td></tr>
<tr><td>千</td><td>百</td><td>十</td><td>万</td><td>千</td><td>百</td><td>十</td><td>元</td><td>角</td><td>分</td></tr>
<tr><td colspan="2">增值税</td><td></td><td></td><td>17%</td><td colspan="2"></td><td></td><td></td><td>1</td><td>5</td><td>3</td><td>0</td><td>0</td><td>0</td><td>0</td><td>0</td></tr>
<tr><td colspan="2"></td><td></td><td></td><td></td><td colspan="2"></td><td></td><td></td><td></td><td></td><td></td><td></td><td></td><td></td><td></td><td></td></tr>
<tr><td colspan="2"></td><td></td><td></td><td></td><td colspan="2"></td><td></td><td></td><td></td><td></td><td></td><td></td><td></td><td></td><td></td><td></td></tr>
<tr><td colspan="2">（小写）合计</td><td></td><td></td><td></td><td colspan="2"></td><td></td><td>¥</td><td>1</td><td>5</td><td>3</td><td>0</td><td>0</td><td>0</td><td>0</td><td>0</td></tr>
<tr><td colspan="2">合计金额</td><td colspan="15">人民币（大写）⊕仟⊕佰壹拾伍万叁仟零佰零拾零元零角零分</td></tr>
<tr><td colspan="2">缴款单位（盖章）</td><td colspan="2">税务机关
填票人（章）</td><td colspan="6">上列款项已收妥并划转收款单位账户
国库（银行）盖章 2012 年 8 月 31 日</td><td colspan="2">备注</td><td colspan="5"></td></tr>
</table>

第一联：收据国库收款盖章后退缴款单位作完税凭证

21—2

城市维护建设税计算表

2012 年 8 月 31 日

计税依据	税　率	税　额(元)
153 000	7%	
合计		

财务主管：刘玉　　审核：张寒　　制单：尤勇

22—1

坏账准备计算表

2012 年 8 月 31 日　　单位：元

应收账款余额	计提比例	应计提金额	坏账准备期初余额		本期计提坏账准备	
			借方	贷方	借方	贷方
	2%					
合计						

财务主管：刘玉　　审核：张寒　　制单：尤勇

23—1

计提短期借款利息清单

2012 年 8 月 31 日

项　目	金额(元)
借款利息	6 000
合　计	6 000

财务主管：刘玉　　审核：张寒　　制单：尤勇

24—1

损益类账户余额表

2012年8月31日

单位:元

账户名称	借方余额	贷方余额
主营业务收入		
其他业务收入		
营业外收入		
主营业务成本		
其他业务成本		
营业税金及附加		
财务费用		
管理费用		
销售费用		
资产减值损失		
合　计		

财务主管：刘玉　　审核:张寒　　制单:尤勇

25—1

应纳所得税额计算表

2012年8月31日

应纳税所得额(元)	税　率	税　额(元)
	25%	

财务主管：刘玉　　审核:张寒　　制单:尤勇

26—1

所得税费用结转计算表

2012年8月31日

单位:元

科目名称	借方发生额	贷方发生额	应结转金额	
			借方	贷方
所得税费用				
合　计				

财务主管：刘玉　　审核:张寒　　制单:尤勇

第五章　会计报表

一、操作目的

通过实际操作，使学生了解会计报表的种类，掌握对外报送会计报表编制的程序、要求和方法。

二、操作要求

1. 根据实际资料编制总分类账户科目余额表和资产负债表。

2. 根据实际资料编制利润表。

3. 根据实际资料编制现金流量表。

三、操作资料

1. 赛格有限公司为一般纳税人，增值税税率为17%，所得税税率为25%，该公司2011年度及2012年度发行在外的普通股股数均为86 000股。其2012年1月1日有关科目的余额如表5—1所示：

表5—1　　　　**科目余额表**　　　　单位：元

科目名称	借方余额	科目名称	贷方余额
库存现金	2 500	短期借款	300 000
银行存款	1 440 000	应付票据	200 000
其他货币资金	124 300	应付账款	903 800
交易性金融资产	15 000	其他应付款	50 000
应收票据	246 000	应付职工薪酬	110 000
应收账款	300 000	应交税费	36 600
坏账准备	−900	应付利息	1 000
预付账款	117 000	长期借款	1 600 000
其他应收款	5 000	其中：一年内到期的非流动负债	1 000 000
原材料	775 000	股本	5 000 000
周转材料	108 000	盈余公积	210 000
库存商品	1 680 000	利润分配	
长期股权投资	250 000	（未分配利润）	50 000
固定资产	1 500 000		
累计折旧	−400 500		
在建工程	1 500 000		
无形资产	600 000		
长期待摊费用	200 000		
合　计	8 461 400	合　计	8 461 400

2. 该公司 2012 年发生的经济业务如下：

(1) 收到原材料一批，价款 100 000 元，支付增值税 17 000 元，材料已验收入库，货款已于上月支付。

(2) 购入原材料一批，用银行存款支付材料买价 150 000 元；购入材料支付的增值税额为 25 500元，款项已付，材料已验收入库。

(3) 销售产品一批，销售价款 300 000 元(不含应收取的增值税)，该批产品实际成本为 180 000元，产品已发出，货款未收到。

(4) 用银行汇票支付采购材料价款，公司收到开户银行转来银行汇票多余款收账通知，通知上填写的多余款为 234 元，购入材料及运费 99 800 元，支付的增值税额为 16 966 元，原材料已验收入库。

(5) 购入不需安装的设备 1 台，价款 100 000 元，支付增值税 17 000 元，支付包装费、运杂费1 000元。价款及包装费、运杂费均以银行存款支付。设备已交付使用。

(6) 公司将短期股票投资 15 000 元兑现，收到本金 15 000 元，投资收益 2 500 元，均存入银行。

(7) 购入工程物资一批，价款 150 000 元(含已缴纳的增值税)，已用银行存款支付。

(8) 销售产品一批，销售价款 700 000 元，应收的增值税额为 119 000 元，销售产品的实际成本为 420 000 元，货款银行已收妥。

(9) 工程应付职工薪酬 200 000 元，应付职工福利费 28 000 元，应交税费 100 000 元。

(10) 工程完工，计算应予资本化的长期借款利息 150 000 元。该项借款本息未付。

(11) 一项工程完工，交付生产使用，已办理竣工手续，固定资产价值 1 400 000 元。

(12) 基本生产车间 1 台机床报废，原价 300 000 元，已提折旧 180 000 元，清理费用 500 元，残值收入 1 000 元，均通过银行存款收支。该项固定资产已清理完毕。

(13) 从银行借入 3 年期借款 400 000 元，借款已存入银行账户，该项借款用于购建固定资产。

(14) 收到银行通知，用银行存款支付到期的商业承兑汇票 100 000 元。

(15) 公司将要到期的一张面值为 200 000 元的无息银行承兑汇票(不含增值税)，连同解讫通知和进账单交银行办理转账，收到银行盖章退回的进账单一联。款项银行已收妥。

(16) 收到前期已确认的现金股利 30 000 元(该项投资采用成本法核算，且为投资后被投资单位实现净利润的分配额；被投资单位的所得税税率与本企业一致，均为 25%)，已存入银行。

(17) 公司出售一台不需用设备，收到价款 300 000 元，该设备原价 400 000 元，已提折旧 150 000 元。该项设备已由购入单位运走。

(18) 归还短期借款本金 250 000 元，利息 12 500 元，已计提。

(19) 提取现金 500 000 元，准备发放工资。

(20) 支付工资 500 000 元，其中包括支付给在建工程人员的工资 200 000 元。

(21) 分配应支付的职工工资 300 000 元(不包括在建工程应负担的工资)，其中生产人员工资 275 000 元，车间管理人员工资 10 000 元，行政管理人员工资 15 000 元。

(22) 提取职工福利费 42 000 元(不包括在建工程应负担的福利费 28 000 元)，其中生产人员福利费 38 500 元，车间管理人员福利费 1 400 元，行政管理部门人员福利费 2 100 元。

(23) 提取应计入本期损益的借款利息共 21 500 元，其中，短期借款利息 11 500 元，长期借款利息 10 000 元。

(24) 基本生产领用原材料 700 000 元,领用周转材料 50 000 元,采用一次转销法摊销。

(25) 用银行存款支付产品展览费 10 000 元。

(26) 摊销无形资产 60 000 元。

(27) 计提固定资产折旧 100 000 元,其中计入制造费用 80 000 元,计入管理费用 20 000 元。

(28) 收到应收账款 51 000 元(不含增值税);存入银行,按应收账款余额的 3‰计提坏账准备。

(29) 用银行存款支付厂部业务招待费 100 000 元。

(30) 计算并结转本期完工产品成本 1 244 900 元。没有期初在产品,本期生产的产品全部完工入库。

(31) 广告费 10 000 元,已用银行存款支付。

(32) 公司采用商业承兑汇票结算方式销售产品一批,价款 250 000 元,增值税额为 42 500 元,收到 292 500 元的商业承兑汇票 1 张,产品实际成本 150 000 元。

(33) 公司将上述承兑汇票到银行办理贴现,贴现息为 20 000 元。

(34) 提取现金 50 000 元。

(35) 用银行存款支付电话费 50 000 元。

(36) 公司本期产品销售应缴纳的教育费附加为 2 000 元。

(37) 用银行存款缴纳增值税 100 000 元,教育费附加 2 000 元。

(38) 结转本期产品销售成本。

(39) 将各收支科目结转至本年利润。

(40) 计算并结转应交所得税 (税率为 25%)。

(41) 提取法定盈余公积金 10%,分配普通股现金股利 50 000 元。

(42) 将利润分配各明细科目的余额转入"未分配利润"明细科目,结转本年利润。

(43) 偿还长期借款 1 000 000 元。

(44) 用银行存款缴纳所得税。

四、操作用纸

表 5—2　　试算平衡表　　单位:元

科目名称	借方发生额	贷方发生额
库存现金		
银行存款		
交易性金融资产		
应收票据		
应收账款		
坏账准备		
其他应收款		
原材料		
库存商品		
生产成本		
制造费用		
固定资产		
累计折旧		
在建工程		
固定资产清理		
累计摊销		
短期借款		
其他应付款		
应付职工薪酬		
应交税费		
应付利息		
应付利润		
盈余公积		
利润分配		
主营业务收入		
主营业务成本		
营业税金及附加		
管理费用		
销售费用		
财务费用		
投资收益		
营业外支出		
资产减值损失		
所得税费用		
本年利润		
合　　计		

表 5—3

资产负债表

会企 01 表

编制单位：　　　　年　月　日　　　　单位：元

资　　产	年初余额	期末余额	负债和股东权益	年初余额	期末余额
流动资产：			流动负债：		
货币资金			短期借款		
交易性金融资产			交易性金融负债		
应收票据			应付票据		
应收账款			应付账款		
预付款项			预收款项		
应收利息			应付职工薪酬		
应收股利			应交税费		
其他应收款			应付利息		
存　　货			应付利润		
一年内到期的非流动资产			其他应付款		
其他流动资产			一年内到期的非流动负债		
流动资产合计			其他流动负债		
非流动资产：			流动负债合计		
可供出售金融资产			非流动负债：		
持有至到期投资			长期借款		
长期应收款			应付债券		
长期股权投资			长期应付款		
投资性房地产			专项应付款		
固定资产			预计负债		
在建工程			递延所得税负债		
工程物资			其他非流动负债		
固定资产清理			非流动负债合计		
生产性生物资产			负债合计		
油气资产			股东权益：		
无形资产			股 本		
开发支出			资本公积		
商 誉			减：库存股		
长期待摊费用			盈余公积		
递延所得税资产			未分配利润		
其他非流动资产			股东权益合计		
非流动资产合计					
资产总计			负债和股东权益合计		

表 5－4

利润表

会企 02 表

编制单位： 年 月 单位:元

项 目	上年数	本年数
一、营业收入		
减:营业成本		
营业税金及附加		
销售费用		
管理费用		
财务费用		
资产减值损失		
加:公允价值变动损益(损失以“－”号填列)		
投资收益(损失以“－”号填列)		
其中:对联营企业和合营企业的投资收益		
二、营业利润(损失以“－”号填列)		
加:营业外收入		
减:营业外支出		
其中:非流动资产处置损失		
三、利润总额(亏损总额以“－”号填列)		
减:所得税费用		
四、净利润(净亏损以“－”号填列)		
五、每股收益		
(一)基本每股收益		
(二)稀释每股收益		

表 5—5

现金流量表

编制单位：　　　　2012 年度　　　　单位：元

项　　目	本期金额	上期金额（略）
一、经营活动产生的现金流量		
销售商品提供劳务收到的现金		
收到的税费返还		
收到的其他与经营活动有关的现金		
经营活动现金流入小计		
购买商品、接受劳务支付的现金		
支付给职工以及为职工支付的现金		
支付的各项税费		
支付的其他与经营活动有关的现金		
经营活动现金流出小计		
经营活动产生的现金流量净额		
二、投资活动产生的现金流量		
收回投资收到的现金		
取得投资收益收到的现金		
处置固定资产、无形资产和其他长期资产收回的现金净额		
处置子公司及其他营业单位收到的现金净额		
收到的其他与经营活动有关的现金		
投资活动现金流入小计		
购建固定资产、无形资产和其他长期资产支付的现金		
投资支付的现金		
取得子公司和其他营业单位支付的现金净额		
支付其他与投资活动有关的现金		
投资活动现金流出小计		
投资活动产生的现金流量净额		
三、筹资活动产生的现金流量		
吸收投资收到的现金		
取得借款收到的现金		
收到的其他与筹资活动有关的现金		
筹资活动现金流入小计		
偿还债务支付的现金		
分配股利、利润或偿还利息支付的现金		
支付的其他与筹资活动有关的现金		
筹资活动现金流出小计		
筹资活动产生的现金流量净额		
四、汇率变动对现金及现金等价物的影响		
五、现金及现金等价物净增加额		
加：期初现金及现金等价物余额		
六、期末现金及现金等价物余额		

第三部分

综合业务实训

第六章　工业企业会计综合实训

一、操作目的

本实验为工业企业综合模拟实验，模拟了上海通用机械厂2010年12月的全部业务。通过这套模拟实验的操作，使学生对工业企业会计核算的全过程有一个系统、完整的认识，并能熟练地掌握工业企业会计核算的基本程序和基本方法，从而达到将所学的会计专业理论知识和实际操作方法融会贯通的目的。

二、实验操作设计

(一) 会计主体的基本情况

单 位 名 称：上海通用机械厂（为增值税一般纳税人企业，税率17%）

行　　　业：工业企业

开 户 银 行：中国工商银行上海市浦东支行

账　　　号：11305397069

税务登记号：8506832101

地　　　址：上海市浦东区向阳路8号

电　　　话：021-96986888

法定代表人：王贵山

上海通用机械厂主要生产甲、乙两种产品，市场覆盖全国各地。生产所消耗主要原材料为A、B、C三种材料。该企业注册资本为1 600万元，全厂职工500人左右。

上海通用机械厂设有厂部办公室、财务处、供应科、销售处、生产科、基本生产车间、辅助生产车间、其他部门等组织机构。基本生产车间分设为铸造、加工、装配三个车间，顺序加工生产产品，各车间均不设自制半成品仓库。辅助生产车间分设为供电和机修两个车间，供电车间负责全厂的电力供应及电力维修，机修车间负责对全厂机器设备的修理。

财务处4人，处长高芳负责财务处的全面工作、审核业务和会计报表的编制；出纳员刘娲负责货币资金的收付、有关凭证的填制及现金日记账和银行存款日记账的登记；成本会计刘伟负责材料采购、入库、领用等业务记账凭证的填制及有关明细账的登记，还负责各种成本、费用的归集、分配和成本计算等业务记账凭证的填制、有关明细账的登记；记账员李静负责销售业务的日常核算、利润的计算与分配、定期汇总编制科目汇总表，并登记总账。

(二) 企业会计制度设计

1. 记账方法：借贷记账法。

2. 会计科目：财政部统一科目。

3. 库存现金限额：10 000 元。

4. 坏账损失采用备抵法转销，坏账准备采用应收账款百分比法，提取比率为 3‰。

5. 存货（原材料、低值易耗品、包装物、产成品）按实际成本核算，出库单价按加权平均法计算，包装物和低值易耗品的摊销采用一次摊销或分次摊销法。

6. 辅助生产费用（含辅助生产车间的制造费用）在"辅助生产成本"账户的借方归集，按受益对象采用直接分配法。

7. 制造费用（除辅助生产车间的制造费用）在"制造费用"账户的借方归集，并按基本生产车间设置明细账。制造费用按生产工时在本车间不同产品之间进行分配。

8. 产品成本计算采用品种法，生产费用在完工产品与在产品之间的分配采用约当产量比例法。

9. 固定资产折旧采用平均年限法。

10. 无形资产摊销采用直线法。

11. 职工福利费、工会经费、教育经费分别按工资总额的 14%、2%、2.5%的比例计提或列支。

12. 借款利息采用按月预提、按季支付的核算办法。

13. 税费的计算。

(1)增值税：本企业为一般纳税人，按基本税率 17%计算缴纳。

(2)营业税：按销售或转让不动产和无形资产金额的 5%计算缴纳。

(3)城市维护建设税：按增值税和营业税之和的 7%计算缴纳。

(4)教育费附加：按增值税和营业税之和的 3%计算缴纳。

(5)所得税：按应纳税所得额的 25%计算缴纳。税法规定按季预缴，年终清算汇缴。本实验为方便起见，规定 1～11 月所得税已预提上缴。

14. 利润分配比例。

法定公积金：按当年净利润的 10%计提；

任意盈余公积金：按当年净利润的 5%计提；

向投资者分配利润：按提取法定和任意盈余公积金后所剩当年净利润的 60%对投资者分配。

（三）账簿组织程序设计

1. 记账凭证：该厂采用科目汇总表核算形式，因此其记账凭证采用通用记账凭证和科目汇总表等。凭证编号按实验业务的顺序编号，一笔业务如需填制多张记账凭证，则采用分数编号。

2. 账簿：分别开设总账、日记账、明细账。总账、日记账、往来款项等采用三栏式账页，存货类采用数量金额式明细账，增值税采用单独的专用明细账，基本生产成本、辅助生产成本等采用专用格式的多栏式明细账。

（四）实验程序设计

1. 根据上海通用机械厂 2010 年 12 月 1 日各总分类账及明细账的余额练习建账。根据各账户所反映的经济内容选择不同格式的账簿，并登记期初余额。没有期初余额的账户，在实际经济业务发生时陆续开设。

2. 根据原始凭证及原始凭证汇总表，填制记账凭证并进行审核。

3. 根据审核无误的记账凭证，逐笔登记现金日记账、银行存款日记账和其他明细账。

4. 根据记账凭证按旬进行汇总，编制科目汇总表，并据以登记有关的总分类账。

5. 月末采用品种法计算完工产品的生产成本，其中辅助生产成本车间的费用采用直接分配法，各车间的制造费用按生产工时比例进行分配。

6. 该厂采用“账结法”计算每月利润总额和净利润，年终对全年利润总额进行分配，并结清除了“未分配利润”的明细账户。

7. 对账和结账。

8. 根据有关资料编制资产负债表、利润表和现金流量表。

9. 根据有关资料计算财务指标，并对报表进行简要的分析说明。

10. 整理装订会计资料。

三、实验资料

1. 上海通用机械厂 2010 年 12 月 1 日总账、明细账期初余额及相关业务资料如下：

表 6－1　　总分类账和明细分类账期初余额一览表　　单位：元

总账科目	二级科目	三级科目	借方金额	贷方金额
库存现金			6 000	
银行存款			565 800	
交易性金融资产			600 000	
应收票据			400 000	
	上海机电设备有限公司		400 000	
应收账款			432 000	
	长春五金公司		200 000	
	上海数控机床公司		226 000	
	三环传动设备厂		6 000	
坏账准备				3 216
应收股利			300 000	
	北方轴承厂		300 000	
其他应收款			300 000	
	太平洋保险公司		300 000	
原材料			1 348 000	
	A 材料		204 000	
	B 材料		730 000	
	C 材料		414 000	
周转材料			1 600	
	包装物	木箱(80)	1 000	
	低值易耗品	手套(1 200)	600	
库存商品			1 780 320	
	甲产品		676 000	
	乙产品		1 104 320	
生产成本			496 306	
	甲产品		266 473	
	乙产品		229 833	
长期股权投资			2 000 000	

续表

总账科目	二级科目	三级科目	借方金额	贷方金额
	北方轴承厂		2 000 000	
持有至到期投资			800 000	
长期应收款			47 761.19	
固定资产			15 852 000	
	房屋		10 520 000	
	机器设备		3 932 000	
	其他		1 400 000	
累计折旧				4 600 000
在建工程			640 000	
	办公楼		640 000	
无形资产			134 400	
	专利权		134 400	
短期借款				40 000
应付票据	中原特钢厂			20 000
应付账款				1 922 800
	重庆智飞动力有限公司			916 000
	哈尔滨亚麻厂			1 006 800
应付职工薪酬				642 000
	职工工资			480 000
	职工福利			162 000
应交税费				88 000
	未交增值税			74 000
	应交营业税			6 000
	应交城市维护建设税			5 600
	应交教育费附加			2 400
应付利息				2 000
长期借款				905 000
实收资本				16 000 000
盈余公积				295 610
	公积金			295 610
资本公积				557 800
本年利润				447 761.19
利润分配				180 000
	未分配利润			180 000
合　计			25 704 187.19	25 704 187.19

注：(1) 实收资本中，接受外单位长期投资额为 1 600 000 元；

(2) 本年利润的 447 761.19 元余额，为 1～11 月已提所得税后的净利润；

(3) 1～11 月累计实现利润总额 597 014.92 元；

(4) 1～11 月累计已提所得税额为 149 253.73 元。

表 6—2 原材料账户期初明细资料

材料名称	数量(千克)	单价(元)	金额(元)
A 材料	8 000	25.5	204 000
B 材料	10 000	73	730 000
C 材料	30 000	13.8	414 000

表 6—3 库存商品期初明细资料

产成品名称	数量(件)	单价(元)	金额(元)
甲	2 600	260	676 000
乙	3 400	324.8	1 104 320

表 6—4 期初在产品成本资料 单位:元

项目	直接材料	直接人工	制造费用	其他直接费用
甲	213 408	17 020	32 545	3 500
乙	179 480	22 980	24 413	2 960

表 6—5 本月产品产量情况 单位:件

项目	期初在产品数量	本月投产	本月完工	月末在产品数量	月末在产品完工程度
甲	1 000	7 000	6 000	2 000	50%
乙	800	4 200	4 000	1 000	80%

注:甲产品原材料系一次投入,乙产品原材料投料程度与加工程度一致。

2. 上海通用机械厂 2010 年 12 月发生经济业务的原始凭证如下:

1—1

上海市增值税专用发票

记 账 联

NO.15001

开票日期:2010 年 12 月 1 日

购货单位	名称	西安市麻纺厂	纳税人登记号	11204386058
	地址、电话	西安市虹桥路 18 号	开户银行及账号	中行西安虹桥支行 22553688

货物及应税劳务名称	单位	数量	单价	金额 百	十	万	千	百	十	元	角	分	税率	税额 百	十	万	千	百	十	元	角	分
甲产品	台	200	360			7	2	0	0	0	0	0	17%			1	2	2	4	0	0	0
合 计		200			¥	7	2	0	0	0	0	0			¥	1	2	2	4	0	0	0

价税合计(大写) ×捌万肆仟贰佰肆拾元整 (小写)¥84 240.00

销货单位	名称	上海市通用机械厂	税务登记号	8506832101
	地址、电话	上海市浦东区向阳路 8 号	开户银行及账号	工行浦东支行 11305397069

销售单位:(章)　　收款人:刘娲　　复核:高芳　　开票人:李静

第四联:记账联 售货方记账凭证

1—2

中国工商银行电汇凭证(收账通知)

委托日期 2010年12月1日　　　　第6571号

<table>
<tr><td rowspan="3">汇款人</td><td>全　称</td><td colspan="3">西安市麻纺厂</td><td rowspan="3">收款人</td><td>全　称</td><td colspan="3">上海通用机械厂</td></tr>
<tr><td>账　号
或住址</td><td colspan="3">22553688</td><td>账　号
或住址</td><td colspan="3">11305397069</td></tr>
<tr><td>汇　出
地　点</td><td>陕西省西安市
县</td><td>汇出行
名　称</td><td>中行西安
长乐支行</td><td>汇　入
地　点</td><td>上海市
县</td><td>汇入行
名　称</td><td>工行上海
浦东支行</td></tr>
<tr><td>金额</td><td colspan="9">人民币
(大写)捌万肆仟贰佰肆拾万元整
亿 千 百 十 万 千 百 十 元 角 分
¥ 8 4 2 4 0 0 0</td></tr>
<tr><td colspan="5">汇款用途:购货款</td><td colspan="5" rowspan="2">汇出行盖章
年　月　日</td></tr>
<tr><td colspan="5">单位主管　会计　复核　记账</td></tr>
</table>

(印章:中国工商银行上海市浦东支行 2010.12.01 转讫)

第二联:此联是汇出行交给收款人的通知

1—3

中国工商银行**进账单**(收账通知)　3

2010年12月1日　　　　NO.0056981号

<table>
<tr><td rowspan="3">出票人</td><td>全　称</td><td>西安市麻纺厂</td><td rowspan="3">收款人</td><td>全　称</td><td>上海通用机械厂</td></tr>
<tr><td>账　号</td><td>22553688</td><td>账　号
或住址</td><td>11305397069</td></tr>
<tr><td>开户银行</td><td>中行西安长乐支行</td><td>开户银行</td><td>工行上海浦东支行</td></tr>
<tr><td>金额</td><td colspan="5">人民币
(大写)捌万肆仟贰佰肆拾元整
亿 千 百 十 万 千 百 十 元 角 分
¥ 8 4 2 4 0 0 0</td></tr>
<tr><td colspan="2">票据种类</td><td>电汇凭证</td><td colspan="3" rowspan="3">收款人开户银行签章</td></tr>
<tr><td colspan="2">票据张数</td><td>1</td></tr>
<tr><td colspan="3">复核　记账</td></tr>
</table>

(印章:中国工商银行上海市浦东支行 2010.12.01 转讫)

此联是收款人开户银行交给收款人的收账通知

2—1

辽宁省增值税专用发票

发 票 联

NO.12001

开票日期:2010 年 12 月 1 日

购货单位	名　称	上海通用机械厂	纳税人登记号	8506832101
	地址、电话	上海市浦东区向阳路 8 号	开户银行及账号	工行上海浦东支行 11305397069

货物及应税劳务名称	单位	数量	单价	金额									税率	税额								
				百	十	万	千	百	十	元	角	分		百	十	万	千	百	十	元	角	分
车床	台	10	12 000		1	2	0	0	0	0	0	0	17%			2	0	4	0	0	0	0
合　计				¥	1	2	0	0	0	0	0	0			¥	2	0	4	0	0	0	0
价税合计(大写)	×佰壹拾肆万零仟肆佰元整													(小写)¥140 400.00								

销货单位	名称	锦州机床厂	税务登记号	63856126
	地址、电话	锦州市太行山路 19 号	开户银行及账号	建行锦州太行山支行 86523100

销售单位:(章)　　收款人:周海叶　　复核:王娟　　开票人:王楠楠

第二联:发票联　购货方记账凭证

2—2

辽宁省增值税专用发票

抵 扣 联

NO.12001

开票日期:2010 年 12 月 1 日

购货单位	名　称	上海通用机械厂	纳税人登记号	8506832101
	地址、电话	上海市浦东区向阳路 8 号	开户银行及账号	工行上海浦东支行 11305397069

货物及应税劳务名称	单位	数量	单价	金额									税率	税额								
				百	十	万	千	百	十	元	角	分		百	十	万	千	百	十	元	角	分
车床	台	10	12 000		1	2	0	0	0	0	0	0	17%			2	0	4	0	0	0	0
合　计				¥	1	2	0	0	0	0	0	0			¥	2	0	4	0	0	0	0
价税合计(大写)	×佰壹拾肆万零仟肆佰元整													(小写)¥140 400.00								

销货单位	名称	锦州机床厂	税务登记号	63856126
	地址、电话	锦州市太行山路 19 号	开户银行及账号	建行锦州太行山支行 86523100

销售单位:(章)　　收款人:周海叶　　复核:王娟　　开票人:王楠楠

第三联:抵扣联　购货方扣税凭证

2—3

中国工商银行 信汇凭证 （付账通知）

委托日期 2010 年 12 月 1 日　　　　NO. 030812 号

汇款人	全 称	上海通用机械厂			收款人	全 称	锦州机床厂		
	账 号或住址	11305397069				账 号或住址	86523100		
	汇 出地 点	上海市县	汇出行名 称	工行上海浦东支行		汇 入地 点	辽宁省锦州市县	汇入行名 称	建行锦州太行山支行

金额	人民币（大写）壹拾肆万零肆佰元整	亿	千	百	十	万	千	百	十	元	角	分
				¥	1	4	0	4	0	0	0	0

汇款用途：支付设备款	汇出行盖章 中国工商银行上海市浦东支行 2010.12.01 转讫
上列款项已根据委托办理，如需查询，请持回单来行面洽 单位主管　会计　复核　记账	年　月　日

此联是汇出行交给收款人的付账通知

2—4

中国工商银行 **转账支票存根** **XIV223531**
附加信息：
出票日期：2010 年 12 月 1 日
收 款 人：上海市安装公司
金　　额：¥5 000.00
用　　途：安装费
单位主管：　　　　会计：

之印

2—5

上海市加工修理业专用发票

发　票　联

密码

税务登记号:10 34561　　　　发票号 NO.10345871

收款单位:上海市安装公司

付款单位(个人):上海通用机械厂

经营项目	金额
设备安装	5 000.00
金额合计(人民币大写)伍仟元整	
机打票号:29472556	税控装置号:9678278
税控防伪码:6EEC507788965AW	
	开票日期:2010 年 12 月 1 日

收款单位(盖章有效)

3—1

服务业、娱乐业、文化体育业专用发票

发　票　联

密码

税务登记号:10 34569　　　　发票号 NO.10563479

收款单位:上海市电视台

付款单位(个人):

经营项目	金额
广告费	35 000.00
金额合计(人民币大写)叁万伍仟元整	
机打票号:23531256	税控装置号:21986788
税控防伪码:6EEC507788965AW	
	开票日期:2010 年 12 月 2 日

收款单位(盖章有效)

3－2

中国工商银行 **转账支票存根** **XIV223532**
附加信息：
出票日期：2010 年 12 月 2 日
收　款　人：上海市电视台
金　　额：¥35 000.00
用　　途：广告费
单位主管：　　　　　　会计：

4－1

辽宁省增值税专用发票

发　票　联

NO.23001

开票日期：2010 年 12 月 2 日

购货单位			
名　称	上海通用机械厂	纳税人登记号	8506832101
地址、电话	上海市浦东区向阳路 8 号	开户银行及账号	工行上海浦东支行 11305397069

货物及应税劳务名称	单位	数量	单价	金额 百	十	万	千	百	十	元	角	分	税率	税额 百	十	万	千	百	十	元	角	分
角钢	号	14	3 400			4	7	6	0	0	0	0	17%				8	0	9	2	0	0
合计					¥	4	7	6	0	0	0	0				¥	8	0	9	2	0	0

价税合计（大写）　×佰×拾伍万伍仟陆佰玖拾贰元整　　（小写）¥55 692.00

销货单位			
名称	鞍山钢铁集团	税务登记号	63856325
地址、电话	鞍山市彩霞路 12 号	开户银行及账号	交行鞍山彩霞支行 86523198

销售单位：（章）　　收款人：孙凤英　　复核：马慧　　开票人：陈晓琴

第二联：发票联　购货方记账凭证

4—2

辽宁省增值税专用发票

抵 扣 联

NO.23001

开票日期:2010 年 12 月 2 日

购货单位			
名 称	上海通用机械厂	纳税人登记号	8506832101
地址、电话	上海市浦东区向阳路 8 号	开户银行及账号	工行上海浦东支行 11305397069

货物及应税劳务名称	单位	数量	单价	金额									税率	税额								
				百	十	万	千	百	十	元	角	分		百	十	万	千	百	十	元	角	分
角钢	吨	14	3 400			4	7	6	0	0	0	0	17%				8	0	9	2	0	0
合 计					¥	4	7	6	0	0	0	0				¥	8	0	9	2	0	0
价税合计(大写)	×佰×拾伍万伍仟陆佰玖拾贰元整												(小写)¥55 692.00									

销货单位			
名称	鞍山钢铁集团	税务登记号	63856325
地址、电话	鞍山市彩霞路 12 号	开户银行及账号	交行鞍山彩霞支行 86523198

销售单位:(章) 收款人:孙凤英 复核:马慧 开票人:陈晓琴

第三联:抵扣联 购货方扣税凭证

4—3

货物运输业增值税发票

发 票 联

NO.008102

开票日期:2012 年 12 月 2 日

购货单位或实际受票方	名 称:上海通用机械厂 纳税人识别号:8506832101 地 址 、电 话:上海市浦东区向阳路 8 号 开户行及账号:工行浦东支行 11305397069	密码区	

货物及应税劳务名称	规格型号	单位	数量	单价	金额	税率	税额
角钢运费			14		2 000	11%	220
价税合计(大写)	贰仟贰佰贰拾元整				(小写)¥2220.00		
托运人	鞍山钢铁集团角钢厂						

开票单位	名 称:中国铁路总公司鞍山分公司 纳税人识别号:265-566-987 地 址 、电 话:鞍山市彩霞路 12 号(88581581) 开户行及账号:鞍山市彩霞农行分理处 421-658-691	备 注	

收款人:李安 复核:春晓 开票人:胡兵 开票单位:中国铁路总公司鞍山分公司

第一联:发票联 购货方记账凭证

4—4

货物运输业增值税发票

抵　扣　联

NO.008102

开票日期:2012 年 12 月 2 日

购货单位或实际受票方	名　　称:上海通用机械厂 纳税人识别号:8506832101 地 址 、电 话:上海市浦东区向阳路 8 号 开户行及账号:工行浦东支行 11305397069				密码区		
货物及应税劳务名称	规格型号	单位	数量	单价	金额	税率	税额
角钢运费			14		2 000	11%	220
价税合计(大写)	贰仟贰佰贰拾元整　　(小写)￥2220.00						
托运人	鞍山钢铁集团角钢厂						
开票单位	名　　称:中国铁路总公司鞍山分公司 纳税人识别号:265-566-987 地 址 、电 话:鞍山市彩霞路 12 号(88581581) 开户行及账号:鞍山市彩霞农行分理处 421-658-691				备　注		

第二联:抵扣联　购货方扣税凭证

收款人:李安　　复核:春晓　　开票人:胡兵　　开票单位:中国铁路总公司鞍山分公司

4—5

中国工商银行　电汇凭证　(付账通知)

委托日期　2010 年 12 月 2 日　　NO. 008321

汇款人	全　称	上海通用机械厂			收款人	全　称	鞍山钢铁集团		
	账　号或住址	11305397069				账　号或住址	86523198		
	汇　出地　点	上海市县	汇出行名　称	工行上海浦东支行		汇　入地　点	辽宁省鞍山市县	汇入行名　称	工行鞍山彩霞支行

金额	人民币(大写) 伍万柒仟玖佰壹拾贰元整	亿	千	百	十	万	千	百	十	元	角	分
					￥	5	7	9	1	2	0	0

汇款用途:货款	汇出行盖章
上列款项已根据委托办理,如需查询,请持回单来行面洽 单位主管　会计　复核　记账	年　月　日

此联是汇出行交给汇款人的付账通知

5—1

中国工商银行 特种转账借款凭证

银行编号：498751　　　　2010 年 12 月 2 日

贷款单位	上海通用机械厂	贷款申请书编号	2589	贷款利率	7%	存款账号	11305397069
贷款金额	人民币（大写）壹佰陆拾万元整		¥160000000				
上列款项已核准发放并转入你单位账户				银行核定还款日期	2012 年 12 月 2 日		
				银行实际放出日期	2010 年 12 月 2 日		

6—1

上海市

门诊医疗费收据

姓名：崔杨　　　　2010 年 12 月 2 日

项目	百	十	元	角	分	
检查费		6	0	0	0	
治疗费	3	0	0	0	0	
手术费						
化验费						
输血费						
输氧费						备注：
观察费						1. 收据遗失不补
B超费						2. 无收讫印无效
采血费						3. 检查包括心电、脑电、镜检
消毒费						
中药费						
西药费						
合　计	3	6	0	0	0	¥360.00
人民币（大写）：叁佰陆元整						

7—1

中国工商银行委托收款凭证（付款通知） 5

委托日期　2010 年 12 月 3 日　　　　第 098572 号

付款人	全称	上海通用机械厂	收款人	全称	上海市电话局		
	账号或住址	11305397069		账号或住址	544-688-759		
	开户银行	工行上海浦东支行		开户银行	工行上海浦东支行	行号	5905
委收金额	人民币（大写）壹万壹仟贰佰元整				¥1120000		
款项内容	电话费	委托收款凭据名称	收据	附寄单证张数	1		
备注：		款项收妥日期 2010 年 12 月 5 日		付款人开户银行盖章 2010 年 12 月 3 日			

此联是收款人开户行给付款人的付账通知

8－1

中国工商银行进账单(收款通知)　3

2010 年 12 月 3 日　　　　NO.0056982

出票人			收款人		
出票人	全　称	北方轴承厂	收款人	全　称	上海通用机械厂
出票人	账　号	8545-5230-6179	收款人	账　号	11305397069
出票人	开户银行	工行大连市星海路分理处	收款人	开户银行	工行上海浦东支行

金额	亿	千	百	十	万	千	百	十	元	角	分
人民币 (大写)叁拾万元整			¥	3	0	0	0	0	0	0	0

票据种类	转账支票	中国工商银行上海市浦东支行 2010.12.03 转讫 收款人开户银行签章
票据张数	1	
北方轴承厂股利 复核　　记账		

此联是收款人开户银行交给收款人的收账通知

9－1

上海市行政事业性收费

(　)统一收费收据(2010)

收款日期 2010 年 12 月 3 日

交款单位	上海通用机械厂	结算方式				现金结算			
		百	十	万	千	百	十	元	角	分
人民币(大写)	玖佰元整				¥	9	0	0	0	0

收费项目	收费标准	收费数量
检验费		收款员:刘丽

收款单位财务章:	收款单位开户行: 工行上海国定路分理处 账号:8235190	经办	收款人:李君 交款人:王丽

财务专用章

10－1

资产评估报告书

2010 年 12 月 3 日

根据《国有资产评估管理办法》,对贵厂的无形资产专利权按现行市价进行评估,评估前价值为 20 000 元,评估后确认价值 24 000 元。

评估员:李海

中国注册会计师:张军

上海中信会计师事务所

10—2

无形资产投资转移单

被投资单位:长江机械厂

投资单位(个人):上海通用机械厂

2010 年 12 月 3 日

转移原因	对外投资	评估价值	24 000 元
资产名称	专利权	摊余价值	20 000 元
投出单位	通用机械厂	接受单位	长江机械厂
财务处长	高芳	财务科长	
厂长	王贵山	厂长	杨军

11—1

江苏省增值税专用发票

发票联

NO.42021

开票日期:2010 年 12 月 3 日

购货单位	名称	上海通用机械厂	纳税人登记号	8506832101
	地址、电话	上海市浦东区向阳路 8 号	开户银行及账号	工行上海浦东支行 11305397069

货物及应税劳务名称	单位	数量	单价	金额									税率	税额								
				百	十	万	千	百	十	元	角	分		百	十	万	千	百	十	元	角	分
A 材料	千克	320	25				8	0	0	0	0	0	17%				1	3	6	0	0	0
合计						¥	8	0	0	0	0	0				¥	1	3	6	0	0	0

价税合计(大写)	⊗拾⊗万玖仟叁佰陆拾元整	(小写)¥9 360.00	
销货单位 名称	南京市东源电器公司	税务登记号	866325-895
销货单位 地址、电话	南京市中山路 35 号	开户银行及账号	建行南京中山支行 8656738

销售单位:(章)　　收款人:孙英　　复核:马晓慧　　开票人:陈雨琴

第二联:发票联 购货方记账凭证

11—2

江苏省增值税专用发票

抵　扣　联

NO.42021

开票日期:2010 年 12 月 3 日

购货单位	名　称	上海通用机械厂	纳税人登记号	8506832101
	地址、电话	上海市浦东区向阳路 8 号	开户银行及账号	工行上海浦东支行 11305397069

货物及应税劳务名称	单位	数量	单价	金额 百	十	万	千	百	十	元	角	分	税率	税额 百	十	万	千	百	十	元	角	分
A 材料	千克	320	25				8	0	0	0	0	0	17%				1	3	6	0	0	0
合　计						¥	8	0	0	0	0	0				¥	1	3	6	0	0	0
价税合计(大写)	×拾×万玖仟叁佰陆拾元整													(小写)¥9 360.00								

销货单位	名称	南京市东源电器公司	税务登记号	866325-895
	地址、电话	南京市中山路 35 号	开户银行及账号	建行南京中山支行 8656738

销售单位:(章)　　收款人:孙英　　复核:马晓慧　　开票人:陈雨琴

第三联:抵扣联　购货方扣税凭证

11—3

材料验收入库单

供应单位: 南京东源电器　　2010 年 12 月 3 日

材料类别	材料名称	单　位	数　量	实收数量	单　价	金　额
原材料	A 材料	千克	320	320	25	8 000
合　计			320	320	25	8 000

第二联:记账联

12—1

固定资产联营移交使用单

投资单位:光明设备仪器厂

被投资单位:上海通用机械厂　　2010 年 12 月 3 日

名称	规格型号	单位	数量	原值	已提折旧	净值	预计使用年限	评估价值	备注
传动设备		台	1	320 000	80 000	240 000	20	230 000	已验收
合　计			1	320 000	80 000	240 000	20	230 000	
附属设备									

12—2

资产评估报告书

2010 年 12 月 3 日

根据《国有资产评估管理办法》，对贵厂的机器设备按现行市价进行评估，评估后确认价值 230 000 元。

评估员：张通

中国注册会计师：王兴

上海中信会计师事务所（印章：上海中信会计师事务所）

13—1

银行承兑汇票　2

出票日期　贰零壹零年零陆月零叁日　　　　第 5971 号

<table>
<tr><td rowspan="3">付款人</td><td>全　称</td><td colspan="3">上海通用机械厂</td><td rowspan="3">收款人</td><td>全　称</td><td colspan="14">中原特钢厂</td></tr>
<tr><td>账　号
或住址</td><td colspan="3">11305397069</td><td>账　号
或住址</td><td colspan="14">868-443-325</td></tr>
<tr><td>汇　出
地　点</td><td>上海市
区</td><td>汇出行
名　称</td><td>工行上海
浦东支行</td><td>汇　出
地　点</td><td>河北省石家庄市
县</td><td>汇出行
名　称</td><td colspan="12">中行石家庄
恒信分理处</td></tr>
<tr><td colspan="2" rowspan="2">出票金额</td><td colspan="6" rowspan="2">人民币
（大写）贰万元整</td><td>亿</td><td>千</td><td>百</td><td>十</td><td>万</td><td>千</td><td>百</td><td>十</td><td>元</td><td>角</td><td>分</td></tr>
<tr><td></td><td></td><td></td><td>¥</td><td>2</td><td>0</td><td>0</td><td>0</td><td>0</td><td>0</td><td>0</td></tr>
<tr><td colspan="5">汇票到期日　2010 年 12 月 3 日</td><td colspan="14">交易合同号码　　2568</td></tr>
<tr><td colspan="5">本汇票已经承兑，到期无条件支付票款
（印章：中国工商银行上海市浦东支行 2010.12.03 转讫）
承兑人签章
承兑日期 2010 年 12 月 3 日</td><td colspan="14">本汇票请予以承兑于到期日付款
（印章：上海通用机械厂 财务专用章）
出票人签章</td></tr>
</table>

此联持票人开户行寄付款人开户行作借方凭证

14—1

上海市增值税专用发票

记　账　联

NO.15002

开票日期：2010 年 12 月 3 日

<table>
<tr><td rowspan="2">购货单位</td><td>名　称</td><td colspan="3">上海市大发物资公司</td><td colspan="9">纳税人登记号</td><td colspan="10">15204386057</td></tr>
<tr><td>地址、电话</td><td colspan="3">上海新阳路 38 号</td><td colspan="9">开户银行及账号</td><td colspan="10">交行上海新阳支行 32543689</td></tr>
<tr><td colspan="2" rowspan="2">货物及应税劳务名称</td><td rowspan="2">单位</td><td rowspan="2">数量</td><td rowspan="2">单价</td><td colspan="9">金　额</td><td rowspan="2">税率</td><td colspan="9">税额</td></tr>
<tr><td>百</td><td>十</td><td>万</td><td>千</td><td>百</td><td>十</td><td>元</td><td>角</td><td>分</td><td>百</td><td>十</td><td>万</td><td>千</td><td>百</td><td>十</td><td>元</td><td>角</td><td>分</td></tr>
<tr><td colspan="2">乙产品</td><td>件</td><td>2 400</td><td>410</td><td></td><td>9</td><td>8</td><td>4</td><td>0</td><td>0</td><td>0</td><td>0</td><td>0</td><td>17%</td><td></td><td>1</td><td>6</td><td>7</td><td>2</td><td>8</td><td>0</td><td>0</td><td>0</td></tr>
<tr><td colspan="2"></td><td></td><td></td><td></td><td></td><td></td><td></td><td></td><td></td><td></td><td></td><td></td><td></td><td></td><td></td><td></td><td></td><td></td><td></td><td></td><td></td><td></td><td></td></tr>
<tr><td colspan="2"></td><td></td><td></td><td></td><td></td><td></td><td></td><td></td><td></td><td></td><td></td><td></td><td></td><td></td><td></td><td></td><td></td><td></td><td></td><td></td><td></td><td></td><td></td></tr>
<tr><td colspan="2">合　计</td><td></td><td>2 400</td><td></td><td>¥</td><td>9</td><td>8</td><td>4</td><td>0</td><td>0</td><td>0</td><td>0</td><td>0</td><td></td><td>¥</td><td>1</td><td>6</td><td>7</td><td>2</td><td>8</td><td>0</td><td>0</td><td>0</td></tr>
<tr><td colspan="24">价税合计（大写）　壹佰壹拾伍万壹仟贰佰捌拾元整　　（小写）¥1 151 280.00</td></tr>
<tr><td rowspan="2">销货单位</td><td>名称</td><td colspan="3">上海通用机械厂</td><td colspan="9">税务登记号</td><td colspan="10">8506832101</td></tr>
<tr><td>地址、电话</td><td colspan="3">上海市浦东区
向阳路 8 号</td><td colspan="9">开户银行及账号</td><td colspan="10">工行上海浦东支行 11305397069</td></tr>
</table>

销售单位：（章）　　收款人：刘娟　　复核：高芳　　开票人：李静

第四联：记账联　售货方记账凭证

（印章：全国统一发票监制章　上海　国家税务局监制）
（印章：上海通用机械厂　发票专用章）

14—2

中国工商银行进账单（收款通知）　3

2010 年 12 月 3 日　　NO.0056983 号

<table>
<tr><td rowspan="3">出票人</td><td>全　称</td><td>上海市大发物资公司</td><td rowspan="3">收款人</td><td>全　称</td><td colspan="11">上海通用机械厂</td></tr>
<tr><td>账　号</td><td>32543689</td><td>账　号</td><td colspan="11">11305397069</td></tr>
<tr><td>开户银行</td><td>交行上海新阳支行</td><td>开户银行</td><td colspan="11">工行上海浦东支行</td></tr>
<tr><td rowspan="2">金额</td><td colspan="4" rowspan="2">人民币
（大写）壹佰壹拾伍万壹仟贰佰捌拾元整</td><td>亿</td><td>千</td><td>百</td><td>十</td><td>万</td><td>千</td><td>百</td><td>十</td><td>元</td><td>角</td><td>分</td></tr>
<tr><td></td><td>¥</td><td>1</td><td>1</td><td>5</td><td>1</td><td>2</td><td>8</td><td>0</td><td>0</td><td>0</td></tr>
<tr><td colspan="2">票据种类</td><td>转账支票</td><td colspan="13" rowspan="3">中国工商银行上海市浦东支行
2010.12.03
转讫
收款人开户银行签章</td></tr>
<tr><td colspan="2">票据张数</td><td>1</td></tr>
<tr><td colspan="3">复核　　记账</td></tr>
</table>

此联是收款人开户银行交给收款人的收账通知

15—1

中国工商银行进账单(收款通知)　3

2010 年 12 月 3 日　　　　NO.0056984 号

<table>
<tr><td rowspan="3">出票人</td><td>全　称</td><td>上海数控机床公司</td><td rowspan="3">持票人</td><td>全　称</td><td colspan="11">上海通用机械厂</td></tr>
<tr><td>账　号</td><td>939475-198</td><td>账　号</td><td colspan="11">11305397069</td></tr>
<tr><td>开户银行</td><td>建行上海科技园分理处</td><td>开户银行</td><td colspan="11">工行上海浦东支行</td></tr>
<tr><td rowspan="2">金额</td><td colspan="4" rowspan="2">人民币
(大写)贰拾壹万肆仟元整</td><td>亿</td><td>千</td><td>百</td><td>十</td><td>万</td><td>千</td><td>百</td><td>十</td><td>元</td><td>角</td><td>分</td></tr>
<tr><td></td><td></td><td>¥</td><td>2</td><td>1</td><td>4</td><td>0</td><td>0</td><td>0</td><td>0</td><td>0</td></tr>
<tr><td colspan="2">票据种类</td><td>转账支票</td><td colspan="13" rowspan="3">中国工商银行上海市浦东支行
2010.12.03
转讫
收款人开户银行签章</td></tr>
<tr><td colspan="2">票据张数</td><td>1</td></tr>
<tr><td colspan="3">复核　　　记账</td></tr>
</table>

此联是收款人开户银行交给收款人的收账通知

16—1

中国工商银行
现金支票存根
XIV244431

附加信息：

出票日期：2010 年 12 月 3 日

收 款 人：上海通用机械厂

金　　额：¥6 000.00

用　　途：预借差旅费

单位主管：　　　　会计：

之印

16—2

借　　据

2010 年 12 月 3 日

借款金额	陆仟元整	¥6 000.00	
借款事由	公出		
领导批示	财务负责人	借款部门负责人	借款人
刘军	高芳	李海洋	王军

17—1

中国工商银行进账单(收款通知)　3

2010 年 12 月 3 日　　　　NO.0056985 号

<table>
<tr><td rowspan="3">出票人</td><td>全　称</td><td>太平洋保险公司</td><td rowspan="3">收款人</td><td>全　称</td><td colspan="11">上海通用机械厂</td></tr>
<tr><td>账　号</td><td>939475-198</td><td>账　号</td><td colspan="11">11305397069</td></tr>
<tr><td>开户银行</td><td>中行北京东单分理处</td><td>开户银行</td><td colspan="11">工行上海浦东支行</td></tr>
<tr><td rowspan="2">金额</td><td colspan="4" rowspan="2">人民币
(大写)叁拾万元整</td><td>亿</td><td>千</td><td>百</td><td>十</td><td>万</td><td>千</td><td>百</td><td>十</td><td>元</td><td>角</td><td>分</td></tr>
<tr><td></td><td></td><td>¥</td><td>3</td><td>0</td><td>0</td><td>0</td><td>0</td><td>0</td><td>0</td><td>0</td></tr>
<tr><td colspan="2">票据种类</td><td>转账支票</td><td colspan="13" rowspan="3">中国工商银行上海市浦东支行
2010.12.03
转讫
收款人开户银行签章</td></tr>
<tr><td colspan="2">票据张数</td><td>1</td></tr>
<tr><td colspan="3">复核　　　　记账</td></tr>
</table>

此联是收款人开户银行交给收款人的收账通知

18—1

偿还贷款凭证　(第一联)

2010 年 12 月 3 日

<table>
<tr><td>借款单位名称</td><td>上海通用机械厂</td><td colspan="2">贷款账户</td><td colspan="11">8222369999</td></tr>
<tr><td rowspan="2">还款金额(大写)</td><td colspan="3" rowspan="2">肆万元整</td><td>亿</td><td>千</td><td>百</td><td>十</td><td>万</td><td>千</td><td>百</td><td>十</td><td>元</td><td>角</td><td>分</td></tr>
<tr><td></td><td></td><td></td><td>¥</td><td>4</td><td>0</td><td>0</td><td>0</td><td>0</td><td>0</td><td>0</td></tr>
<tr><td>贷款种类</td><td>短期借款</td><td>借款日期</td><td>2010 年 6 月 3 日</td><td colspan="4">还款日期</td><td colspan="7">2010 年 12 月 3 日</td></tr>
<tr><td colspan="3">上列款项已有本单位账户内偿还到期贷款

借款单位章</td><td colspan="12">记账号</td></tr>
</table>

中国工商银行上海市浦东支行
2010.12.03
转讫

19—1

<table>
<tr><td>中国工商银行
转账支票存根
XIV223533
附加信息:</td></tr>
<tr><td></td></tr>
<tr><td>出票日期:2010 年 12 月 3 日</td></tr>
<tr><td>收 款 人:上海市机械修理厂</td></tr>
<tr><td>金　　额:¥4 620.00</td></tr>
<tr><td>用　　途:修理费</td></tr>
<tr><td>单位主管:　　　　会计:</td></tr>
</table>

之印

19—2

加工修理业专用发票

发　票　联

密码

税务登记号：10 3456862　　　　发票号 NO.10395672

收款单位：上海市机械修理厂

付款单位（个人）：上海通用机械厂加工车间

经营项目　　　　金额　4 620.00

设备修理

金额合计（人民币大写）肆仟陆佰贰拾元整

机打票号：2589556

税控装置号：8956788

税控防伪码：6EEC507788965AW

开票日期：2010 年 12 月 3 日

收款单位（盖章有效）

20—1

上海市增值税专用发票

发　票　联

NO.579001

开票日期：2010 年 12 月 4 日

<table>
<tr><td rowspan="2">购货单位</td><td>名　称</td><td colspan="3">上海通用机械厂</td><td colspan="9">纳税人登记号</td><td colspan="10">8506832101</td></tr>
<tr><td>地址、电话</td><td colspan="3">上海市浦东区
向阳路 8 号</td><td colspan="9">开户银行及账号</td><td colspan="10">工行上海浦东支行
11305397069</td></tr>
<tr><td colspan="2" rowspan="2">货物及应税劳务名称</td><td rowspan="2">单位</td><td rowspan="2">数量</td><td rowspan="2">单价</td><td colspan="9">金　额</td><td rowspan="2">税率</td><td colspan="9">税额</td></tr>
<tr><td>百</td><td>十</td><td>万</td><td>千</td><td>百</td><td>十</td><td>元</td><td>角</td><td>分</td><td>百</td><td>十</td><td>万</td><td>千</td><td>百</td><td>十</td><td>元</td><td>角</td><td>分</td></tr>
<tr><td colspan="2">A 材料</td><td>千克</td><td>8 000</td><td>25</td><td></td><td>2</td><td>0</td><td>0</td><td>0</td><td>0</td><td>0</td><td>0</td><td>0</td><td>17%</td><td></td><td></td><td>3</td><td>4</td><td>0</td><td>0</td><td>0</td><td>0</td><td>0</td></tr>
<tr><td colspan="2"></td><td></td><td></td><td></td><td></td><td></td><td></td><td></td><td></td><td></td><td></td><td></td><td></td><td></td><td></td><td></td><td></td><td></td><td></td><td></td><td></td><td></td><td></td></tr>
<tr><td colspan="2"></td><td></td><td></td><td></td><td></td><td></td><td></td><td></td><td></td><td></td><td></td><td></td><td></td><td></td><td></td><td></td><td></td><td></td><td></td><td></td><td></td><td></td><td></td></tr>
<tr><td colspan="2">合　计</td><td></td><td>8 000</td><td></td><td>¥</td><td>2</td><td>0</td><td>0</td><td>0</td><td>0</td><td>0</td><td>0</td><td>0</td><td></td><td></td><td>¥</td><td>3</td><td>4</td><td>0</td><td>0</td><td>0</td><td>0</td><td>0</td></tr>
<tr><td colspan="2">价税合计（大写）</td><td colspan="12">×佰贰拾叁万肆仟元整</td><td colspan="10">（小写）¥234 000.00</td></tr>
<tr><td rowspan="2">销货单位</td><td>名称</td><td colspan="3">上海市物资供应公司</td><td colspan="9">税务登记号</td><td colspan="10">638563111</td></tr>
<tr><td>地址、电话</td><td colspan="3">上海市和平路 125 号</td><td colspan="9">开户银行及账号</td><td colspan="10">建行上海和平支行 8652312222</td></tr>
</table>

第二联：发票联　购货方记账凭证

销售单位：（章）　　　收款人：孙凤英　　　复核：马慧　　　开票人：陈晓琴

20—2

上海市增值税专用发票

抵　扣　联

NO.579001

开票日期:2010 年 12 月 4 日

购货单位			
名　称	上海通用机械厂	纳税人登记号	8506832101
地址、电话	上海市浦东区向阳路 8 号	开户银行及账号	工行上海浦东支行 11305397069

货物及应税劳务名称	单位	数量	单价	金额									税率	税额								
				百	十	万	千	百	十	元	角	分		百	十	万	千	百	十	元	角	分
A 材料	千克	8 000	25		2	0	0	0	0	0	0	0	17%			3	4	0	0	0	0	0
合　计		8 000		¥	2	0	0	0	0	0	0	0			¥	3	4	0	0	0	0	0
价税合计(大写)	×佰贰拾叁万肆仟元整													(小写)¥234 000. 00								

销货单位			
名称	上海市物资供应公司	税务登记号	638563111
地址、电话	上海市和平路 125 号	开户银行及账号	建行上海和平支行 8652312222

销售单位:(章)　　收款人:孙凤英　　复核:马慧　　开票人:陈晓琴

第三联:抵扣联　购货方扣税凭证

20—3

材料验收入库单

单位:仓库　　2010 年 12 月 4 日

材料类别	材料名称	单位	数量	实收数量	单价(元)	金额(元)
原材料	A 材料	千克	8 000	8 000	25	200 000
合 计			8 000	8 000		200 000

记账:　　收料:　　交库

第二联:记账联

20—4

中国工商银行

转账支票存根

XIV223534

附加信息:

出票日期:2010 年 12 月 4 日

收　款　人:上海市物资供应公司

金　　额:¥234 000. 00

用　　途:购进 A 材料

单位主管:　　会计:

之印

21—1

上海市自来水公司水费发票

发　票　联

客户名称:上海通用机械厂　　　　2010 年 12 月 4 日　　　　No.6891

服务项目	用水性质	水　量	计量单位	单　价	金额 万	千	百	十	元	角	分
本月水费	厂部一般消耗	2 916	吨	1.00		2	9	1	6	0	0
					¥	2	9	1	6	0	0
合计金额	人民币:贰仟玖佰壹拾陆元整				¥2 916.00						

收款人:上海市自来水公司　　　　收款人:丁杨

第二联:发票联

21—2

中国工商银行委托收款凭证(付款通知) 5

委托日期　2010 年 12 月 4 日　　　　第 098598 号

付款人	全　称	上海通用机械厂	收款人	全　称	上海市自来水公司		
付款人	账　号或住址	11305397069	收款人	账　号或住址	544-688-759		
付款人	开户银行	工行上海浦东支行	收款人	开户银行	浦发银行上海本溪路支行	行号	5905

委收金额	人民币（大写）贰仟玖佰壹拾陆元整	亿	千	百	十	万	千	百	十	元	角	分
						¥	2	9	1	6	0	0

款项内容	水费	委托收款凭据名称	收据	附寄单证张数	1

备注:	款项收妥日期 2010 年 12 月 4 日	付款人开户银行盖章 2010 年 12 月 4 日

此联是收款人开户行给付款人的付账通知

22—1

公路养路费缴讫证

编号：　　NO.

车主名称	上海市通用机械厂		费别	金额(元)
车类	货车、轿车		养路费	6 000.00
车牌号	C1889		滞纳金	
核定吨位		计费吨位	重点公路建设费	
合计金额人民币(大写)陆仟元整				
有效期	12 月 1 日至 12 月 31 日		年包费	个月
签发单位	(章) 2010 年 12 月 4 日		经办人	(章)

22—2

中国工商银行 **转账支票存根** **XIV223535**
附加信息：
出票日期：2010 年 12 月 4 日
收　款　人：上海市养路费收费中心
金　　额：￥6 000.00
用　　途：养路费
单位主管：　　　　会计：

23—1

上海市增值税专用发票

记　账　联

NO.15003

开票日期：2010 年 12 月 5 日

购货单位	名　称	上海永成机床公司			纳税人登记号										38605811204										
	地址、电话	上海市虹桥路 18 号			开户银行及账号										工行上海东江分理处 475-198-939										
货物及应税劳务名称		单位	数量	单价	金额									税率	税额										
					百	十	万	千	百	十	元	角	分		百	十	万	千	百	十	元	角	分		
甲产品		台	400	360		1	4	4	0	0	0	0	0	17%			2	4	4	8	0	0	0		
合　计			400		￥	1	4	4	0	0	0	0	0			￥	2	4	4	8	0	0	0		
价税合计(大写)		壹拾陆万捌仟肆佰捌拾元整													(小写)￥168 480.00										
销货单位	名称	上海通用机械厂			税务登记号										8506832101										
	地址、电话	上海市浦东区向阳路 8 号			开户银行及账号										工行上海浦东支行 11305397069										

销售单位：(章)　　收款人：刘娟　　复核：高芳　　开票人：李静

第四联：记账联　售货方记账凭证

23—2

中国工商银行进账单(收款通知) 3

2010年12月5日　　NO.3050986号

出票人	全称	上海永成机床公司	收款人	全称	上海通用机械厂
	账号	475-198-939		账号	11305397069
	开户银行	工行上海东江分理处		开户银行	工行上海浦东支行
金额	人民币(大写)壹拾陆万捌仟肆佰捌拾元整			亿千百十万千百十元角分	¥168480.00
票据种类	转账支票				
票据张数	1				
复核　记账			收款人开户银行签章		

中国工商银行上海浦东支行 2010.12.05 转讫

此联是收款人开户银行交给收款人的收账通知

24—1

中国工商银行
现金支票存根
XIV223536

附加信息：

出票日期：2010年12月5日
收款人：上海通用机械厂
金额：¥12 000.00
用途：备用金
单位主管：　　会计：

之印

25—1

固定资产清理单

名称编号	规格序号	单位	数量	预计使用年限	已使用年限	原值	已提折旧	已提减值
Bu8机床		台	1	12	10	200 000	160 000	
报废原因		机器陈旧\无法使用						
清理费		清理收入			技术鉴定		主管部门	
800.00		1 600.00			机器陈旧\精度差		同意报废	

上海通用机械厂

制单：陈剑

25－2

固定资产报废审批单

申报单位:上海通用机械厂　　　　2010 年 12 月 5 日　　　　单位:元

固定资产名称	Bu8 机床	单位	台	规格		数量	1
资产编号	0038	停用时间	2010.12	购进时间	2001.12	存放地点	加工车间
已使用时间	10 年	原值	200 000		已提折旧	160 000	
应使用时间	10 年	净值	40 000		预计净残值	800	
报废原因	使用年限已满 负责人　　公章　　2010 年 12 月 5 日						
使用单位意见	已无生产能力 负责人　　公章　　2010 年 12 月 5 日						
主管部门意见	同意报废 负责人　　公章　　2010 年 12 月 5 日						
上级主管部门意见	同意报废 负责人　　公章　　2010 年 12 月 5 日						
产权交易回收情况	负责人　　公章　　2010 年 12 月 5 日						

25－3

中国工商银行进账单(收款通知)　3

2010 年 12 月 5 日　　　　NO.30056987 号

<table>
<tr><td rowspan="3">出票人</td><td>全　称</td><td>上海废品回收公司</td><td rowspan="3">收款人</td><td>全　称</td><td colspan="11">上海通用机械厂</td></tr>
<tr><td>账　号</td><td>194-758-939</td><td>账　号</td><td colspan="11">11305397069</td></tr>
<tr><td>开户银行</td><td>工行上海徐汇分理处</td><td>开户银行</td><td colspan="11">工行上海浦东支行</td></tr>
<tr><td rowspan="2">金额</td><td colspan="4" rowspan="2">人民币
(大写)壹仟陆佰元整</td><td>亿</td><td>千</td><td>百</td><td>十</td><td>万</td><td>千</td><td>百</td><td>十</td><td>元</td><td>角</td><td>分</td></tr>
<tr><td></td><td></td><td></td><td></td><td>¥</td><td>1</td><td>6</td><td>0</td><td>0</td><td>0</td><td>0</td></tr>
<tr><td colspan="2">票据种类</td><td>转账支票</td><td colspan="13" rowspan="3">收款人开户银行签章</td></tr>
<tr><td colspan="2">票据张数</td><td>1</td></tr>
<tr><td colspan="3">复核　　　记账</td></tr>
</table>

此联是收款人开户银行交给收款人的收账通知

25—4

<table>
<tr><td>中国工商银行
转账支票存根
XIV223537
附加信息：</td></tr>
<tr><td></td></tr>
<tr><td>出票日期：2010 年 12 月 5 日</td></tr>
<tr><td>收 款 人：上海机械拆卸中心</td></tr>
<tr><td>金　　额：¥800.00</td></tr>
<tr><td>用　　途：支付清理费</td></tr>
<tr><td>单位主管：　　　　　　会计：</td></tr>
</table>

25—5

<table>
<tr><td>

申　请

铸造车间机床因使用年限已到，无生产能力而报废，发生固定资产清理净损失 39 200 元，特申请转作营业外支出。

同意报废　　　　　　　　　　　　　　　　财务处长：高芳

2010 年 12 月 5 日

</td></tr>
</table>

26—1

辽宁省增值税专用发票

发　票　联

NO.00123

开票日期：2010 年 12 月 5 日

<table>
<tr><td rowspan="2">购货单位</td><td>名　称</td><td colspan="3">上海通用机械厂</td><td colspan="9">纳税人登记号</td><td colspan="10">8506832101</td></tr>
<tr><td>地址、电话</td><td colspan="3">上海市浦东区向阳路 8 号</td><td colspan="9">开户银行及账号</td><td colspan="10">工行上海浦东支行 11305397069</td></tr>
<tr><td colspan="2" rowspan="2">货物及应税劳务名称</td><td rowspan="2">单位</td><td rowspan="2">数量</td><td rowspan="2">单价</td><td colspan="9">金　额</td><td rowspan="2">税率</td><td colspan="9">税额</td></tr>
<tr><td>百</td><td>十</td><td>万</td><td>千</td><td>百</td><td>十</td><td>元</td><td>角</td><td>分</td><td>百</td><td>十</td><td>万</td><td>千</td><td>百</td><td>十</td><td>元</td><td>角</td><td>分</td></tr>
<tr><td colspan="2">B 材料</td><td>千克</td><td>4 000</td><td>77</td><td></td><td>3</td><td>0</td><td>8</td><td>0</td><td>0</td><td>0</td><td>0</td><td>0</td><td>17%</td><td></td><td></td><td>5</td><td>2</td><td>3</td><td>6</td><td>0</td><td>0</td><td>0</td></tr>
<tr><td colspan="2"></td><td></td><td></td><td></td><td></td><td></td><td></td><td></td><td></td><td></td><td></td><td></td><td></td><td></td><td></td><td></td><td></td><td></td><td></td><td></td><td></td><td></td><td></td></tr>
<tr><td colspan="2"></td><td></td><td></td><td></td><td></td><td></td><td></td><td></td><td></td><td></td><td></td><td></td><td></td><td></td><td></td><td></td><td></td><td></td><td></td><td></td><td></td><td></td><td></td></tr>
<tr><td colspan="2">合　计</td><td></td><td></td><td></td><td>¥</td><td>3</td><td>0</td><td>8</td><td>0</td><td>0</td><td>0</td><td>0</td><td>0</td><td></td><td></td><td>¥</td><td>5</td><td>2</td><td>3</td><td>6</td><td>0</td><td>0</td><td>0</td></tr>
<tr><td colspan="2">价税合计(大写)</td><td colspan="22">×佰叁拾陆万零仟叁佰陆拾元整　　　　　　　　(小写)¥360 360.00</td></tr>
<tr><td rowspan="2">销货单位</td><td>名称</td><td colspan="3">沈阳奥飞电气设备有限公司</td><td colspan="9">税务登记号</td><td colspan="10">56325638</td></tr>
<tr><td>地址、电话</td><td colspan="3">沈阳市文化路 15 号</td><td colspan="9">开户银行及账号</td><td colspan="10">建行沈阳文化分理处 23198865</td></tr>
</table>

第二联：发票联　购货方记账凭证

销售单位：(章)　　　　收款人：郑宏宇　　　　复核：王月　　　　开票人：耿云楠

26—2

辽宁省增值税专用发票

抵　扣　联

NO.23001

开票日期：2010 年 12 月 5 日

<table>
<tr><td rowspan="2">购货单位</td><td>名　称</td><td colspan="3">上海通用机械厂</td><td colspan="9">纳税人登记号</td><td colspan="10">8506832101</td></tr>
<tr><td>地址、电话</td><td colspan="3">上海市浦东区向阳路 8 号</td><td colspan="9">开户银行及账号</td><td colspan="10">工行上海浦东支行 11305397069</td></tr>
<tr><td colspan="2" rowspan="2">货物及应税劳务名称</td><td rowspan="2">单位</td><td rowspan="2">数量</td><td rowspan="2">单价</td><td colspan="9">金　额</td><td rowspan="2">税率</td><td colspan="9">税额</td></tr>
<tr><td>百</td><td>十</td><td>万</td><td>千</td><td>百</td><td>十</td><td>元</td><td>角</td><td>分</td><td>百</td><td>十</td><td>万</td><td>千</td><td>百</td><td>十</td><td>元</td><td>角</td><td>分</td></tr>
<tr><td colspan="2">B 材料</td><td>千克</td><td>4 000</td><td>77</td><td></td><td>3</td><td>0</td><td>8</td><td>0</td><td>0</td><td>0</td><td>0</td><td>0</td><td>17%</td><td></td><td></td><td>5</td><td>2</td><td>3</td><td>6</td><td>0</td><td>0</td><td>0</td></tr>
<tr><td colspan="2"></td><td></td><td></td><td></td><td></td><td></td><td></td><td></td><td></td><td></td><td></td><td></td><td></td><td></td><td></td><td></td><td></td><td></td><td></td><td></td><td></td><td></td><td></td></tr>
<tr><td colspan="2"></td><td></td><td></td><td></td><td></td><td></td><td></td><td></td><td></td><td></td><td></td><td></td><td></td><td></td><td></td><td></td><td></td><td></td><td></td><td></td><td></td><td></td><td></td></tr>
<tr><td colspan="2">合　计</td><td></td><td></td><td></td><td>¥</td><td>3</td><td>0</td><td>8</td><td>0</td><td>0</td><td>0</td><td>0</td><td>0</td><td></td><td></td><td>¥</td><td>5</td><td>2</td><td>3</td><td>6</td><td>0</td><td>0</td><td>0</td></tr>
<tr><td colspan="2">价税合计(大写)</td><td colspan="22">×佰叁拾陆万零仟叁佰陆拾元整　　　　（小写）¥360 360.00</td></tr>
<tr><td rowspan="2">销货单位</td><td>名称</td><td colspan="3">沈阳奥飞电气设备有限公司</td><td colspan="9">税务登记号</td><td colspan="10">56325638</td></tr>
<tr><td>地址、电话</td><td colspan="3">沈阳市文化路 15 号</td><td colspan="9">开户银行及账号</td><td colspan="10">建行沈阳文化分理处 23198865</td></tr>
</table>

第三联：抵扣联　购货方扣税凭证

销售单位：(章)　　　收款人：郑宏宇　　　复核：王月　　　开票人：耿云楠

26—3

货物运输业增值税发票

发　票　联

NO.308103

开票日期：2012 年 12 月 5 日

<table>
<tr><td>购货单位或实际受票方</td><td colspan="4">名　　称：上海通用机械厂
纳税人识别号：8506832101
地 址 、电 话：上海市浦东区向阳路 8 号
开户行及账号：工行上海浦东支行 11305397069</td><td>密码区</td><td colspan="2"></td></tr>
<tr><td>货物及应税劳务名称</td><td>规格型号</td><td>单位</td><td>数量</td><td>单价</td><td>金额</td><td>税率</td><td>税额</td></tr>
<tr><td>B 材料运费</td><td></td><td></td><td>14</td><td></td><td>2 400</td><td>11%</td><td>264</td></tr>
<tr><td>价税合计(大写)</td><td colspan="7">贰仟陆佰陆拾肆元整　　　　（小写）¥2664.00</td></tr>
<tr><td>托运人</td><td colspan="7">沈阳奥飞电气设备有限公司</td></tr>
<tr><td>开票单位</td><td colspan="4">名　　称：中国铁路总公司沈阳分公司
纳税人识别号：265-566-987
地 址 、电 话：沈阳市文化路 15 号(88581582)
开户行及账号：沈阳市文化建行分理处
421-658-692</td><td>备　注</td><td colspan="2"></td></tr>
</table>

第一联：发票联　购货方记账凭证

收款人：茅月升　　　复核：李一亭　　　开票人：黄双双　　　开票单位：中国铁路总公司沈阳分公司

26—4

货物运输业增值税发票

抵 扣 联

NO.308103

开票日期:2012 年 12 月 5 日

<table>
<tr><td>购货单位或
实际受票方</td><td colspan="5">名　　　称:上海通用机械厂
纳税人识别号:8506832101
地 址 、电 话:上海市浦东区向阳路 8 号
开户行及账号:工行上海浦东支行 11305397069</td><td>密码区</td><td colspan="2"></td></tr>
<tr><td>货物及应税劳务名称</td><td>规格型号</td><td>单位</td><td>数量</td><td>单价</td><td></td><td>金额</td><td>税率</td><td>税额</td></tr>
<tr><td>B 材料运费</td><td></td><td></td><td>14</td><td></td><td></td><td>2 400</td><td>11%</td><td>264</td></tr>
<tr><td>价税合计(大写)</td><td colspan="8">贰仟陆佰陆拾肆元整　　　　(小写)¥2664.00</td></tr>
<tr><td>托运人</td><td colspan="8">沈阳奥飞电气设备有限公司</td></tr>
<tr><td>开票单位</td><td colspan="5">名　　　称:中国铁路总公司沈阳分公司
纳税人识别号:265-566-987
地 址 、电 话:沈阳市文化路 15 号(88581582)
开户行及账号:沈阳市文化建行分理处
421-658-692</td><td>备　注</td><td colspan="2"></td></tr>
</table>

收款人:茅月升　　复核:李一亭　　开票人:黄双双　　开票单位:中国铁路总公司沈阳分公司

第二联:抵扣联 购货方扣税凭证

26—5

材料验收入库单

单位:仓库　　　　2010 年 12 月 5 日

材料类别	材料名称	单　位	数　量	实收数量	单　价	金　额
原材料	B 材料	千克	4 000	4 000		
合　计			4 000	4 000		

记账:　　　主管:　　　收料:　　　交库:

第二联:记账联

27—1

中国工商银行 特种转账借款凭证

银行编号：498752　　　　2010年12月5日

贷款单位	上海通用机械厂	贷款申请书编号	2595	贷款利率	5%	存款账号	11305397069
贷款金额	人民币(大写)贰拾万元整	百 十 万 千 百 十 元 角 分 百	¥ 2 0 0 0 0 0 0 0 0			还款日期	2011年6月5日
银行核定	生产周转借款			银行核定还款日期		2011年6月5日	
	上列借款已核准发放并已转入你单位账户			银行实际放出日期		2010年12月5日	

第二联：记账联

（印章：中国工商银行上海市浦东支行 2010.12.05 转讫）

28—1

中国工商银行(　)
空白凭证领用单(代缴费回单)

科目________　　　　NO.

户名________ 账号________　　　　2010年12月5日

每本页(份)数	起号	止号	名称	数量	单价	百	十	元	角	分
20	001	400	现金支票	20	10	2	0	0	0	0
20	001	400	转账支票	20	10	2	0	0	0	0
合计										
人民币(大写)肆佰元整										

（印章：中国工商银行上海市浦东支行 2010.12.05 转讫）

29—1

行政事业性收费专用收款收据

2010 年 12 月 8 日

<table>
<tr><td>付款单位
（交款人）</td><td>上海通用机械厂</td><td>收款单位
（领款人）</td><td>上海市环境
保护局</td><td>收款项目</td><td colspan="5">罚款</td></tr>
<tr><td rowspan="2">金额（大写）</td><td colspan="3" rowspan="2">贰仟元整</td><td>百</td><td>十</td><td>万</td><td>千</td><td>百</td><td>十</td><td>元</td><td>角</td><td>分</td></tr>
<tr><td></td><td></td><td>¥</td><td>2</td><td>0</td><td>0</td><td>0</td><td>0</td><td>0</td></tr>
<tr><td>收款事由</td><td colspan="3">污染费</td><td colspan="9">收款员：刘丽</td></tr>
<tr><td colspan="3" rowspan="2">上述款项照数收讫无误
收款单位财务专用章
领款人签章
上海市环境保护局 财务专用章</td><td>会计主管</td><td>出纳</td><td colspan="8">交款人</td></tr>
<tr><td></td><td></td><td colspan="8">张平</td></tr>
</table>

29—2

中国工商银行 **转账支票存根** **XIV223538**
附加信息：
出票日期：2010 年 12 月 8 日
收 款 人：上海市环境保护局
金　　额：¥2 000.00
用　　途：污染罚款
单位主管：　　　　会计：

之印

30－1

中华人民共和国

税收(增值税)缴款书 国 No.0095461

填发日期:2010年12月8日 收入机关:上海市国家税务局

缴款单位(人)	全称	上海通用机械厂	预算科目	款项	增值税
	开户银行	工行上海浦东支行		级次	市级
	账号	11305397069	收款国库		中心支库
税款所属时期	2010年11月1～30日		税款限缴时期	2010年12月10日	

品目名称	课税数量	计税金额或主营业务收入	税率或单位税额	已缴或扣除额	千	百	十	万	千	百	十	元	角	分
增值税			17%					7	4	0	0	0	0	0
(小写)合计							¥	7	4	0	0	0	0	0
合计金额	人民币(大写)⊕仟⊕佰⊕拾柒万肆仟零佰零拾零元零角零分													
缴款单位(盖章)	税务机关填票人(章)	上列款项已收妥并划转收款单位账户 国库(银行) 盖章2010年12月8日								备注				

第一联:收据 国库收款盖章后退缴款单位作完税凭证

30－2

中华人民共和国

税收(营业税专用)缴款书 地 No. 0055861

经济类型:国有 填发日期:2010年12月8日 收入机关:上海市地方税务局

缴款单位(人)	全称	上海通用机械厂	预算科目	款项	营业税
	开户银行	工行上海浦东支行		级次	市级
	账号	11305397069	收款国库		中心支库
税款所属时期	2010年11月1～30日		税款限缴时期	2010年12月10日	

计征金额		征收率	实缴税额									
项目名称	计征金额		千	百	十	万	千	百	十	元	角	分
营业税	120 000.00	5%					6	0	0	0	0	0
合计	120 000.00	5%				¥	6	0	0	0	0	0
合计金额(大写)	人民币(大写)⊕仟⊕佰⊕拾⊕万陆仟零佰零拾零元零角零分											
缴款单位(盖章)	税务机关填票人(章)	上列款项已收妥并划转收款单位账户 国库(银行) 盖章2010年12月8日						备注				

第一联:收据 国库收款盖章后退缴款单位作完税凭证

30—3

中华人民共和国

税收缴款书 地

No. 0055862

经济类型:国有　　填发日期:2010 年 12 月 8 日　　收入机关:上海市地方税务局

缴款单位(人)	全　称	上海通用机械厂	预算科目	款　项	城市维护建设税　教育费附加
	开户银行	工行上海浦东支行		级　次	市级
	账　号	11305397069	收款国库		中心支库
税款所属时期	2010 年 11 月 1～30 日		税款限缴时期	2010 年 12 月 10 日	

项目名称	计征金额	征收率	千	百	十	万	千	百	十	元	角	分
城市维护建设税	80 000.00	7%					5	6	0	0	0	0
教育费附加	80 000.00	3%					2	4	0	0	0	0
合计						¥	8	0	0	0	0	0

(计征金额 covers 项目名称 and 计征金额; 实缴税额 covers 千 through 分.)

合计金额(大写)	人民币(大写)⊕仟⊕佰⊕拾⊕万捌仟零佰零拾零元零角零分		
缴款单位(盖章)	税务机关 填票人(章)	上列款项已收妥并划转收款单位账户 国库(银行)　盖章 2010 年 12 月 8 日	备注

印章:上海通用机械厂 财务专用章;上海市地方税务局 税务专用章;中国工商银行上海市浦东支行 2010.12.08 转讫

第一联:收据　国库收款盖章后退缴款单位作完税凭证

31—1

上海市增值税专用发票

发 票 联

NO.00523

开票日期:2010 年 12 月 8 日

购货单位	名　称	上海通用机械厂	纳税人登记号	8506832101
	地址、电话	上海市浦东区向阳路 8 号	开户银行及账号	工行上海浦东支行 11305397069

货物及应税劳务名称	单位	数量	单价	百	十	万	千	百	十	元	角	分	税率	百	十	万	千	百	十	元	角	分
货车	辆	1	560 000		5	6	0	0	0	0	0	0	17%			9	5	2	0	0	0	0
合　计				¥	5	6	0	0	0	0	0	0			¥	9	5	2	0	0	0	0

(金额 covers the first 百–分 columns; 税额 covers the second 百–分 columns.)

价税合计(大写)	×百陆拾伍万伍仟贰佰元整	(小写)¥655 200.00

销货单位	名称	上海市一汽轿车集团	税务登记号	25656338
	地址、电话	上海市华安路 16 号	开户银行及账号	农行华安分理处 88623195

销售单位:(章)　　收款人:郑亚明　　复核:刘丽　　开票人:魏艳敏

印章:上海市一汽轿车集团 发票专用章;全国统一发票监制章 上海 国家税务局监制

第二联:发票联　购货方记账凭证

31—2

上海市增值税专用发票

抵　扣　联

NO.00523

开票日期：2010年12月8日

<table>
<tr><td rowspan="2">购货单位</td><td>名　称</td><td colspan="3">上海通用机械厂</td><td colspan="9">纳税人登记号</td><td colspan="10">8506832101</td></tr>
<tr><td>地址、电话</td><td colspan="3">上海市浦东区
向阳路8号</td><td colspan="9">开户银行及账号</td><td colspan="10">工行上海浦东支行
11305397069</td></tr>
<tr><td colspan="2" rowspan="2">货物及应税劳务名称</td><td rowspan="2">单位</td><td rowspan="2">数量</td><td rowspan="2">单价</td><td colspan="9">金　额</td><td rowspan="2">税率</td><td colspan="9">税额</td></tr>
<tr><td>百</td><td>十</td><td>万</td><td>千</td><td>百</td><td>十</td><td>元</td><td>角</td><td>分</td><td>百</td><td>十</td><td>万</td><td>千</td><td>百</td><td>十</td><td>元</td><td>角</td><td>分</td></tr>
<tr><td colspan="2">货车</td><td>辆</td><td>1</td><td>560 000</td><td></td><td>5</td><td>6</td><td>0</td><td>0</td><td>0</td><td>0</td><td>0</td><td>0</td><td>17%</td><td></td><td></td><td>9</td><td>5</td><td>2</td><td>0</td><td>0</td><td>0</td><td>0</td></tr>
<tr><td colspan="2"></td><td></td><td></td><td></td><td></td><td></td><td></td><td></td><td></td><td></td><td></td><td></td><td></td><td></td><td></td><td></td><td></td><td></td><td></td><td></td><td></td><td></td><td></td></tr>
<tr><td colspan="2"></td><td></td><td></td><td></td><td></td><td></td><td></td><td></td><td></td><td></td><td></td><td></td><td></td><td></td><td></td><td></td><td></td><td></td><td></td><td></td><td></td><td></td><td></td></tr>
<tr><td colspan="2">合　计</td><td></td><td></td><td></td><td>¥</td><td>5</td><td>6</td><td>0</td><td>0</td><td>0</td><td>0</td><td>0</td><td>0</td><td></td><td></td><td>¥</td><td>9</td><td>5</td><td>2</td><td>0</td><td>0</td><td>0</td><td>0</td></tr>
<tr><td colspan="3">价税合计（大写）</td><td colspan="12">×佰陆拾伍万伍仟贰佰元整</td><td colspan="9">（小写）¥655 200.00</td></tr>
<tr><td rowspan="2">销货单位</td><td>名称</td><td colspan="3">上海市一汽轿车集团</td><td colspan="9">税务登记号</td><td colspan="10">25656338</td></tr>
<tr><td>地址、电话</td><td colspan="3">上海市华安路16号</td><td colspan="9">开户银行及账号</td><td colspan="10">农行华安分理处88623195</td></tr>
</table>

第三联：抵扣联　购货方扣税凭证

销售单位：（章）　　收款人：郑亚明　　复核：刘丽　　开票人：魏艳敏

31—3

中国工商银行

转账支票存根

XIV223539

附加信息：

出票日期：2010年12月8日

收 款 人：上海市一汽轿车集团

金　　额：¥655 200.00

用　　途：购货车

单位主管：　　会计：

32—1

上海市零售业统一发票

发 票 联

国家统一发票监制章 国家税务局监制

客户名称：上海通用机械厂　　2010 年 12 月 12 日　　No.5046

商品名称	单 位	数 量	单 价	金额 万	千	百	十	元	角	分	备注
手套		4 000	0.5		2	0	0	0	0	0	现金支付
现金支付											
合计金额 人民币：贰仟元整				¥	2	0	0	0	0	0	

开票人：上海市劳动保护用品商店　　收款人：李丽

（印章：上海市劳动保护用品专卖店 现金收讫章）

第二联：发票联

32—2

入 库 单

单位：仓库　　2010 年 12 月 18 日

材料类别	材料名称	单 位	数 量	实收数量	单 价	金额
低值易耗品	手套	付	4 000	4000	0.5	2 000.00
合 计			4 000	4 000		2 000.00

第二联：记账联

33—1

上海市定额专用发票(共 9 794 元)

发 票 联

国家统一发票监制章 国家税务局监制

发票号 20101231555569800000　　兑奖区

密码

税务登记号：

付款单位(个人)：

经营项目：

壹 佰 元

收款单位(盖章有效)　　发票号 20101231555569800000

开票日期 2010 年 12 月 8 日

（印章：上海麒麟海鲜大酒店 财务专用章）

33－2

中国工商银行 **转账支票存根** **XIV2235310**
附加信息：
出票日期：2010 年 12 月 8 日
收　款　人：上海四海酒店
金　　额：￥9 794.00
用　　途：餐费
单位主管：　　　　　　会计：

之印

34－1

上海市增值税专用发票

发　票　联

NO.006235

开票日期：2010 年 12 月 8 日

购货单位	名　称	上海通用机械厂	纳税人登记号	8506832101
	地址、电话	上海市浦东区向阳路 8 号	开户银行及账号	工行上海浦东支行 11305397069

货物及应税劳务名称	单位	数量	单价	金额 百	十	万	千	百	十	元	角	分	税率	税额 百	十	万	千	百	十	元	角	分
包装木箱	个	2 000	15			3	0	0	0	0	0	0	17%				5	1	0	0	0	0
合　计					￥	3	0	0	0	0	0	0				￥	5	1	0	0	0	0
价税合计（大写）	×佰×拾叁万伍仟壹佰元整															（小写）￥35 100.00						

销货单位	名称	上海市木材加工厂	税务登记号	33255686
	地址、电话	上海市平安路 19 号	开户银行及账号	招商银行上海平安分理处 95823186

销售单位：（章）　　收款人：王慧玲　　复核：唐军　　开票人：马春秋

第二联：发票联　购货方记账凭证

34—2

上海市增值税专用发票

抵　扣　联

NO.006235

开票日期：2010年12月8日

购货单位	名称	上海通用机械厂	纳税人登记号	8506832101
	地址、电话	上海市浦东区向阳路8号	开户银行及账号	工行上海浦东支行11305397069

货物及应税劳务名称	单位	数量	单价	金额	税率	税额
包装木箱	个	2 000	15	3000000	17%	510000
合计				¥3000000		¥510000
价税合计（大写）	×佰×拾叁万伍仟壹佰元整					（小写）¥35 100.00

销货单位	名称	上海市木材加工厂	税务登记号	33255686
	地址、电话	上海市平安路19号	开户银行及账号	招商银行上海平安分理处95823186

销售单位：（章）　　收款人：王慧玲　　复核：唐军　　开票人：马春秋

第三联：抵扣联　购货方扣税凭证

34—3

入　库　单

单位：仓库　　2010年12月8日

材料类别	材料名称	单　位	数　量	实收数量	单　价	金额
包装物	包装木箱	个	2 000	2 000	15	30 000.00
合　计			2 000	2 000		30 000.00

第二联：记账联

34—4

中国工商银行

转账支票存根

XIV223541

附加信息：

出票日期：2010年12月8日

收 款 人：上海市木材加工厂

金　　额：¥35 100.00

用　　途：购进包装木箱

单位主管：　　会计：

35—1

天津市增值税专用发票

发　票　联

NO.05239

开票日期：2010 年 12 月 8 日

购货单位	名　称	上海通用机械厂	纳税人登记号	8506832101
	地址、电话	上海市浦东区向阳路 8 号	开户银行及账号	工行上海浦东支行 11305397069

货物及应税劳务名称	单位	数量	单价	金额									税率	税额								
				百	十	万	千	百	十	元	角	分		百	十	万	千	百	十	元	角	分
C 材料	千克	21 000	14		2	9	4	0	0	0	0	0	17%			4	9	9	8	0	0	0
合　计				¥	2	9	4	0	0	0	0	0			¥	4	9	9	8	0	0	0
价税合计（大写）	⊗佰叁拾肆万叁仟玖佰捌拾元整													（小写）¥343 980.00								

销货单位	名称	天津中科材料设备公司	税务登记号	11325632
	地址、电话	天津市岷江路 25 号	开户银行及账号	光大银行天津岷江路分理处 53198765

销售单位：（章）　　收款人：郑明城　　复核：白羽　　开票人：耿晓楠

第二联：发票联　购货方记账凭证

35—2

天津市增值税专用发票

抵　扣　联

NO.05239

开票日期：2010 年 12 月 8 日

购货单位	名　称	上海通用机械厂	纳税人登记号	8506832101
	地址、电话	上海市浦东区向阳路 8 号	开户银行及账号	工行上海浦东支行 11305397069

货物及应税劳务名称	单位	数量	单价	金额									税率	税额								
				百	十	万	千	百	十	元	角	分		百	十	万	千	百	十	元	角	分
C 材料	千克	21 000	14		2	9	4	0	0	0	0	0	17%			4	9	9	8	0	0	0
合　计				¥	2	9	4	0	0	0	0	0			¥	4	9	9	8	0	0	0
价税合计（大写）	⊗佰叁拾肆万叁仟玖佰捌拾元整													（小写）¥343 980.00								

销货单位	名称	天津中科材料设备公司	税务登记号	11325632
	地址、电话	天津市岷江路 25 号	开户银行及账号	光大银行天津岷江分行 53198765

销售单位：（章）　　收款人：郑明城　　复核：白羽　　开票人：耿晓楠

第三联：抵扣联　购货方扣税凭证

35－3

材料验收入库单

单位：仓库　　　　　　2010 年 12 月 8 日

材料类别	材料名称	单　位	数　量	实收数量	单　价	金额
原材料	C 材料	千克	21 000	21 000	14	294 000.00
合　计			21 000	21 000		294 000.00

第二联：记账联

35－4

银行承兑汇票　2

出票日期　贰零壹零年壹拾贰月零捌日　　　　第 6075 号

汇款人	全　称	上海通用机械厂		收款人	全　称	天津中科材料设备公司		
	账　号或住址	11305397069			账　号或住址	53198765		
	汇　出地　点	上海　市县	汇出行名　称：工行上海浦东支行		汇　入地　点	天津　市县	汇入行名　称：光大银行天津岷江分行	
出票金额	人民币（大写）叁拾肆万叁仟玖佰捌拾元整						亿千百十万千百十元角分	¥ 3 4 3 9 8 0 0 0
汇票到期日　2011 年 3 月 20 日				交易合同号码		2568		
本汇票已经承兑，到期无条件支付票款 承兑人签章 承兑日期 2010 年 12 月 8 日				本汇票请予以承兑于到期日付款 出票人签章				

（印章：中国工商银行上海市浦东支行 2010.12.08 转讫）

此联持票人开户行寄付款人开户行作借方凭证

36－1

中国工商银行进账单（收款通知）　3

（印章：上海 国家税务局监制）

2010 年 12 月 8 日　　　　NO. 9830051 号

出票人	全　称	上海国泰君安证券公司	收款人	全　称	上海通用机械厂
	账　号	93-9194-758		账　号	11305397069
	开户银行	中行上海南京路分理处		开户银行	工行上海浦东支行
金额	人民币（大写）叁拾壹万伍仟元整			亿千百十万千百十元角分	¥ 3 1 5 0 0 0 0 0
票据种类	转账支票				
票据张数	1				
复核　　记账			收款人开户行签章		

（印章：中国工商银行上海市浦东支行 2010.12.08 转讫）

此联是收款人开户银行交给收款人的收账通知

36－2

债券到期收回本息计算单

NO.

2010 年 12 月 8 日

债券发行公司:上海市证券公司 账号:8573582 开户行:工商银行上海陆家嘴分行 注:交易性金融债券	国库券持有人:上海通用机械厂 国库券本金:¥300 000 国库券利息:¥15 000 国库券本息合计:¥315 000 大写叁拾壹万伍仟元整

第二联:发票联

37－1

上海市专用收款收据

2010 年 12 月 8 日

<table>
<tr><td>付款单位
(交款人)</td><td>上海通用机械厂</td><td>收款单位
(领款人)</td><td>上海精密仪器科研所</td><td colspan="9">收款项目</td><td colspan="2">购专有技术</td></tr>
<tr><td rowspan="2">金额(大写)</td><td rowspan="2" colspan="3">叁万陆仟元整</td><td>百</td><td>十</td><td>万</td><td>千</td><td>百</td><td>十</td><td>元</td><td>角</td><td>分</td></tr>
<tr><td></td><td>¥</td><td>3</td><td>6</td><td>0</td><td>0</td><td>0</td><td>0</td><td>0</td></tr>
<tr><td>收款事由</td><td colspan="3">购专有技术</td><td colspan="9">收款员:刘丽</td></tr>
<tr><td rowspan="2" colspan="3">上述款项照数收讫无误
收款单位财务专用章
领款人签章</td><td>会计主管</td><td colspan="4">出纳</td><td colspan="5">交款人</td></tr>
<tr><td></td><td colspan="4"></td><td colspan="5">王亮</td></tr>
</table>

37－2

中国工商银行 **转账支票存根** **XIV223551**
附加信息:
出票日期:2010 年 12 月 8 日
收　款　人:上海精密仪器科研所
金　　额:¥36 000.00
用　　途:购进专有技术
单位主管:　　　　　会计:

38－1

上海市增值税专用发票

记 账 联

NO.15002

开票日期：2010 年 12 月 8 日

购货单位	名 称	沈阳第二重型机械厂	纳税人登记号	38611204058
	地址、电话	沈阳市红军路 17 号	开户银行及账号	中行沈阳红军支行 53622588

货物及应税劳务名称	单位	数量	单价	金额									税率	税额								
				百	十	万	千	百	十	元	角	分		百	十	万	千	百	十	元	角	分
乙产品	件	200	410			8	2	0	0	0	0	0	17%			1	3	9	4	0	0	0
包装木箱	个	200	20				4	0	0	0	0	0						6	8	0	0	0
合 计					¥	8	6	0	0	0	0	0			¥	1	4	6	2	0	0	0

价税合计(大写)	×佰壹拾万零陆佰贰拾元整		(小写)¥100 620.00	
销货单位	名称	上海通用机械厂	税务登记号	8506832101
	地址、电话	上海市浦东区向阳路 8 号	开户银行及账号	工行上海浦东支行 11305397069

销售单位：(章)　　收款人：刘娲　　复核：高芳　　开票人：李静

第四联：记账联　售货方记账凭证

38－2

货物运输业增值税发票

发 票 联

NO.008508

开票日期：2012 年 12 月 8 日

购货单位或实际受票方	名　称：沈阳第二重型机械厂 纳税人识别号：38611204058 地 址 、电 话：沈阳市红军路 17 号 开户行及账号：中行沈阳红军支行 53622588				密码区		
货物及应税劳务名称	规格型号	单位	数量	单价	金额	税率	税额
甲产品运费			14		576.58	11%	63.42
价税合计(大写)	陆佰贰拾元整					(小写)¥640.00	
托运人	上海通用机械厂						
开票单位	名　称：中国铁路总公司上海分公司 纳税人识别号：265-566-987 地 址、电 话：上海市霞飞路 12 号(21581581) 开户行及账号：农行上海市霞飞分理处 421-658-691				备　注	现金付款	

收款人：张一德　　复核：米星　　开票人：刘莹　　开票单位：中国铁路总公司上海分公司

第一联：发票联　购货方记账凭证

38—3

中国工商银行托收承付凭证(回单) 1

委托日期　2010 年 12 月 8 日

付款人	全　称	沈阳第二重型机械厂	收款人	全　称	上海通用机械厂		
	账　号 或住址	53622588		账　号 或住址	11305397069		
	开户银行	中行沈阳红军支行		开户银行	工行上海浦东支行	行号	800

托收金额	人民币 (大写)壹拾万壹仟贰佰陆拾元整	亿	千	百	十	万	千	百	十	元	角	分
				¥	1	0	1	2	6	0	0	0

附件		商品发运情况	合同名称号码
附寄单证张数或册数	3	货已发出	购销合同 0034 号
备注:		款项收妥日期 年　月　日	开户银行盖章　　年　月　日

此联是收款人开户行给收款人的回单

(印章:中国工商银行上海市浦东支行 2010.12.08 转讫)

38—4

出　库　单

2010 年 12 月 8 日

领料单位:

用　　途:包装乙产品

材料类别	材料名称	单　位	数　量		单　价	金　额	备　注
			请领	实领			
周转材料	包装木箱	个	200	200	14.9	2 980	
合　计			200	200			

第二联:记账联

39—1

上海市技术贸易专用发票
发　票　联

(印章:全国统一发票监制章 上海 国家税务局监制)

客户名称:东风机修厂　　2010 年 12 月 9 日　　No.5846

项　目	合同登记号	支付方式	交易金额	万	千	百	十	元	角	分	备注
专有技术使用权	009395	转账支票		2	6	8	0	0	0	0	
合计金额　人民币:贰万陆仟捌佰元整				2	6	8	0	0	0	0	

(印章:上海通用机械厂 财务专用章)

收款单位:盖章有效　　收款人:刘璐

第二联:发票联

39—2

中国工商银行进账单(收款通知)　3

2010年12月8日　　NO. 9830052号

出票人	全称	东风机修厂	收款人	全称	上海通用机械厂
	账号	7589194-93		账号	11305397069
	开户银行	建行上海长江路分理处		开户银行	工行上海浦东支行
金额	人民币（大写）贰万陆仟捌佰元整			亿千百十万千百十元角分	￥2680000
票据种类	转账支票				
票据张数	1				
专有技术使用权收入				收款人开户行盖章	
复核　　记账					

中国工商银行上海市浦东支行 2010.12.09 转讫

此联是收款人开户银行交给收款人的收账通知

40—1

资产评估报告书

2010年12月9日

根据《国有资产评估管理办法》，对贵厂的对外投资设备按现行市价进行评估，评估后确认价值206 000元。

上海中信会计师事务所

评估员：刘成

中国注册会计师：陆军

上海中信会计师事务所

40—2

固定资产投资移交使用单

投出单位：上海通用机械厂

接受单位：南京黄河机械厂　　2010年12月9日

名称	规格型号	单位	数量	原值	已提折旧	净值	预计使用年限	评估价值	备注
铣床		台	1	240 000	60 000	180 000	10		已验收
调出单位					调入单位				
附属设备									

上海通用机械厂　　南京黄河机械厂 财务专用章

41—1

上海市专用收款收据

2010 年 12 月 9 日

付款单位（交款人）	上海东方公司	收款单位（领款人）	上海通用机械厂	收款项目					罚款			
金额(大写)	柒仟壹佰元整			百	十	万	千	百	十	元	角	分
						¥	7	1	0.	0	0	0
收款事由	违约金罚款	结算方式	现金结算	收款员:刘丽								
上述款项照数收讫无误 收款单位财务专用章 领款人签章			会计主管	出纳					交款人			
									赵平			

上海通用机械厂　2010.12.09　现金收讫 (01)

42—1

现金存款凭证(回单)

交款日期:2010 年 12 月 9 日　　　　第________号

款项来源	收违约金	收款单位名称	上海通用机械厂
现金计划项目		收款单位账户	11305397069
		收款单位开户行	工行上海浦东支行

人民币(大写)　柒仟壹佰元整	十	万	千	百	十	元	角	分
		¥	7	1	0	0	0	0

券别	张数	金额	券别	张数	金额	券别	张数	金额	上列款项收讫无误
壹佰元	70		壹元			壹角			
伍拾元			五角						
拾元	10								收款员
伍元									

中国工商银行上海市浦东支行　2010.12.09　转讫

43—1

中国工商银行　电汇凭证(付账通知)

委托日期　2010 年 12 月 9 日　　　　NO. 008322 号

汇款人	全称	上海通用机械厂			收款人	全称	重庆智飞动力有限公司		
	账号或住址	11305397069				账号或住址	831-98-652		
	汇出地点	上海市县	汇出行名称	工行上海浦东支行		汇入地点	重庆市县	汇入行名称	交行重庆友谊分行

金额	人民币(大写) 贰拾万元整	亿	千	百	十	万	千	百	十	元	角	分
				¥	2	0	0	0	0	0	0	0

汇款用途:货款	汇出行盖章
上列款项已根据委托办理,如需查询,请持回单来行面洽 单位主管　会计　复核　记账	年　月　日

中国工商银行上海市浦东支行　2010.12.11　转讫

此联是汇出行交给汇款人的付账通知

44－1

上海市增值税专用发票

记 账 联

NO.15003

开票日期:2010 年 12 月 9 日

购货单位	名 称	上海金卡科技有限公司	纳税人登记号	43811206058
	地址、电话	上海市虹桥路 18 号	开户银行及账号	建行上海虹桥支行 21563698

货物及应税劳务名称	单位	数量	单价	金额 百	十	万	千	百	十	元	角	分	税率	税额 百	十	万	千	百	十	元	角	分
甲产品	台	200	360			7	2	0	0	0	0	0	17%			1	2	2	4	0	0	0
合 计		200			¥	7	2	0	0	0	0	0			¥	1	2	2	4	0	0	0
价税合计(大写)	⊗拾捌万肆仟贰佰肆拾元整													(小写)¥84 240.00								

销货单位	名称	上海通用机械厂	税务登记号	8506832101
	地址、电话	上海市浦东区向阳路 8 号	开户银行及账号	工行上海浦东支行 11305397069

销售单位:(章)　　收款人:刘娟　　复核:高芳　　开票人:李静

第四联:记账联 售货方记账凭证

44－2

出 库 单

领料单位:　　2010 年 12 月 9 日

用　途:包装甲产品

材料类别	材料名称	单 位	数量 请领	数量 实领	单 价	金 额	备 注
周转材料	包装木箱	个	200	200	14.9	2 980.00	
合 计			200	200		2 980	

负责人:　　经手人:

第二联:记账联

45－1

验资报告单

经过我所检查验证后确认,华安公司实际投入资金状况如下:

投资者	实际投入资本额 人民币	汇率	元	投资方式	实际投资比例 占应投资比例	占注册资本比例
华安公司	316 000.00			货币资产		

验证结果:

经检查验证华安公司所投资本 316 000 元到位。

中国注册会计师:刘刚

助理人:王丽

上海中信会计师事务所

2010 年 12 月 9 日

45—2

中国工商银行进账单(收款通知)　3

2010 年 12 月 9 日　　NO. 9830060

<table>
<tr><td rowspan="3">出票人</td><td>全　称</td><td>华安公司</td><td rowspan="3">收款人</td><td>全　称</td><td colspan="11">上海通用机械厂</td></tr>
<tr><td>账　号</td><td>758-493-919</td><td>账　号</td><td colspan="11">11305397069</td></tr>
<tr><td>开户银行</td><td>农行黄河路分理处</td><td>开户银行</td><td colspan="11">工行上海浦东支行</td></tr>
<tr><td rowspan="2">金额</td><td colspan="4" rowspan="2">人民币
(大写)叁拾壹万陆仟元整</td><td>亿</td><td>千</td><td>百</td><td>十</td><td>万</td><td>千</td><td>百</td><td>十</td><td>元</td><td>角</td><td>分</td></tr>
<tr><td></td><td></td><td>¥</td><td>3</td><td>1</td><td>6</td><td>0</td><td>0</td><td>0</td><td>0</td><td>0</td></tr>
<tr><td colspan="2">票据种类</td><td>转账支票</td><td colspan="13" rowspan="3">中国工商银行上海市浦东支行
2010.12.09
转讫
收款人开户行盖章</td></tr>
<tr><td colspan="2">票据张数</td><td>1</td></tr>
<tr><td colspan="3">投资款

复核　　　记账</td></tr>
</table>

此联是收款人开户银行交给收款人的收账通知

46—1

上海市增值税专用发票

发　票　联

NO.0529523

开票日期:2010 年 12 月 10 日

<table>
<tr><td rowspan="2">购货单位</td><td>名　称</td><td colspan="3">上海通用机械厂</td><td colspan="9">纳税人登记号</td><td colspan="10">8506832101</td></tr>
<tr><td>地址、电话</td><td colspan="3">上海市浦东区
向阳路 8 号</td><td colspan="9">开户银行及账号</td><td colspan="10">工行上海浦东支行 11305397069</td></tr>
<tr><td colspan="2" rowspan="2">货物及应税劳务名称</td><td rowspan="2">单位</td><td rowspan="2">数量</td><td rowspan="2">单价</td><td colspan="9">金　额</td><td rowspan="2">税率</td><td colspan="9">税额</td></tr>
<tr><td>百</td><td>十</td><td>万</td><td>千</td><td>百</td><td>十</td><td>元</td><td>角</td><td>分</td><td>百</td><td>十</td><td>万</td><td>千</td><td>百</td><td>十</td><td>元</td><td>角</td><td>分</td></tr>
<tr><td colspan="2">工作服</td><td>套</td><td>400</td><td>20</td><td></td><td></td><td></td><td>8</td><td>0</td><td>0</td><td>0</td><td>0</td><td>0</td><td>17%</td><td></td><td></td><td></td><td>1</td><td>3</td><td>6</td><td>0</td><td>0</td><td>0</td></tr>
<tr><td colspan="2"></td><td></td><td></td><td></td><td></td><td></td><td></td><td></td><td></td><td></td><td></td><td></td><td></td><td></td><td></td><td></td><td></td><td></td><td></td><td></td><td></td><td></td><td></td></tr>
<tr><td colspan="2"></td><td></td><td></td><td></td><td></td><td></td><td></td><td></td><td></td><td></td><td></td><td></td><td></td><td></td><td></td><td></td><td></td><td></td><td></td><td></td><td></td><td></td><td></td></tr>
<tr><td colspan="2"></td><td></td><td></td><td></td><td></td><td></td><td></td><td></td><td></td><td></td><td></td><td></td><td></td><td></td><td></td><td></td><td></td><td></td><td></td><td></td><td></td><td></td><td></td></tr>
<tr><td colspan="2">合　计</td><td></td><td>400</td><td></td><td></td><td></td><td>¥</td><td>8</td><td>0</td><td>0</td><td>0</td><td>0</td><td>0</td><td></td><td></td><td></td><td>¥</td><td>1</td><td>3</td><td>6</td><td>0</td><td>0</td><td>0</td></tr>
<tr><td colspan="2">价税合计(大写)</td><td colspan="22">×玖仟叁佰陆拾元整　　(小写)¥9 360.00</td></tr>
<tr><td rowspan="2">销货单位</td><td>名称</td><td colspan="3">上海松雷商城</td><td colspan="9">税务登记号</td><td colspan="10">64325612</td></tr>
<tr><td>地址、电话</td><td colspan="3">上海市浦江路 28 号</td><td colspan="9">开户银行及账号</td><td colspan="10">招行上海浦江分理处 53198364</td></tr>
</table>

销售单位:(章)　　收款人:孙凤英　　复核:刘羽　　开票人:宋婷婷

(印章：上海松雷商城 发票专用章)

第二联：发票联　购货方记账凭证

46－2

上海市增值税专用发票

抵　扣　联

NO.0529523

开票日期:2010 年 12 月 10 日

购货单位	名　称	上海通用机械厂	纳税人登记号	8506832101
	地址、电话	上海市浦东区向阳路 8 号	开户银行及账号	工行上海浦东支行 11305397069

货物及应税劳务名称	单位	数量	单价	金额									税率	税额								
				百	十	万	千	百	十	元	角	分		百	十	万	千	百	十	元	角	分
工作服	套	400	20				8	0	0	0	0	0	17%				1	3	6	0	0	0
合　计		400				¥	8	0	0	0	0	0				¥	1	3	6	0	0	0
价税合计(大写)	×玖仟叁佰陆拾元整													(小写)¥9 360.00								

销货单位	名称	上海松雷商城	税务登记号	64325612
	地址、电话	上海市浦江路 28 号	开户银行及账号	招行上海浦江分理处 53198364

销售单位:(章)　　收款人:孙凤英　　复核:刘羽　　开票人:宋婷婷

第三联：抵扣联　购货方扣税凭证

46－3

入　库　单

单位: 仓库　　2010 年 12 月 10 日

材料类别	材料名称	单　位	数　量	实收数量	单　价	金额
低值易耗品	工作服	套	400	400	20	8 000.00
合　计			400	400		8 000.00

第二联：记账联

46－4

中国工商银行

转账支票存根

XIV223553

附加信息:

出票日期:2010 年 12 月 10 日

收 款 人:上海松雷商城

金　　额:¥9 360.00

用　　途:购进工作服

单位主管:　　会计:

47—1

上海市行政事业性收费专用收据 （公安局停车费专用） 上海市收费许可证 s—03 （印章：上海市财政局监制章） 贰拾元整　　　　20.00 （印章：上海国贸停车站业务专用章） （　）No.001 日期　2010 年 12 月 10 日	上海市行政事业性收费专用收据 （公安局停车费专用） 上海市收费许可证 s—03 （印章：上海市财政局监制章） 贰拾元整　　　　20.00 （印章：上海国贸停车站业务专用章） （　）No.002 日期　2010 年 12 月 10 日

48—1

中国工商银行进账单（收款通知）　3

2010 年 12 月 10 日　　　　NO. 9830061 号

<table>
<tr><td rowspan="3">出票人</td><td>全　称</td><td>上海市设备仪器厂</td><td rowspan="3">收款人</td><td>全　称</td><td colspan="11">上海通用机械厂</td></tr>
<tr><td>账　号</td><td>32555-758-493-919</td><td>账　号</td><td colspan="11">11305397069</td></tr>
<tr><td>开户银行</td><td>光大银行上海东河路分理处</td><td>开户银行</td><td colspan="11">工行上海浦东支行</td></tr>
<tr><td rowspan="2">金额</td><td colspan="4" rowspan="2">人民币
（大写）贰仟元整</td><td>亿</td><td>千</td><td>百</td><td>十</td><td>万</td><td>千</td><td>百</td><td>十</td><td>元</td><td>角</td><td>分</td></tr>
<tr><td></td><td></td><td></td><td></td><td>¥</td><td>2</td><td>0</td><td>0</td><td>0</td><td>0</td><td>0</td></tr>
<tr><td colspan="2">票据种类</td><td>转账支票</td><td colspan="13" rowspan="3">（印章：中国工商银行上海市浦东支行 2010.12.10 转讫）
收款人开户银行签章</td></tr>
<tr><td colspan="2">票据张数</td><td>1</td></tr>
<tr><td colspan="3">固定资产出租收入

复核　　　记账</td></tr>
</table>

此联是收款人开户银行交给收款人的收账通知

48—2

固定资产租赁合同

2010 年 12 月 10 日

出租单位：上海通用机械厂　　　　租入单位：上海市设备仪器厂

（印章：上海通用机械厂）（印章：上海市设备仪器厂）

名称	规格型号	单位	数量	原始价值	合同内容		备注
					租金总额	第一年租金	
机器		台	1	1 000 000	48 000	24 000	
合　计			1	1 000 000	48 000	24 000	

设备科长：　　　　财务处长：　　　　经办人：

49—1

上海市增值税专用发票

发 票 联

NO.0552329

开票日期:2010 年 12 月 10 日

购货单位	名 称	上海通用机械厂	纳税人登记号	8506832101
	地址、电话	上海市浦东区向阳路 8 号	开户银行及账号	工行上海浦东支行 11305397069

货物及应税劳务名称	单位	数量	单价	金额									税率	税额								
				百	十	万	千	百	十	元	角	分		百	十	万	千	百	十	元	角	分
A 材料	千克	4 000	25		1	0	0	0	0	0	0	0	17%			1	7	0	0	0	0	0
合 计		4 000		¥	1	0	0	0	0	0	0	0			¥	1	7	0	0	0	0	0
价税合计(大写)	×佰壹拾壹万柒仟元整													(小写)¥117 000.00								

销货单位	名称	上海市华特物资供应公司	税务登记号	64325612
	地址、电话	上海市吴淞路 28 号	开户银行及账号	中行上海吴淞分理处 53198364

销售单位:(章)　　收款人:孙凤英　　复核:刘羽　　开票人:宋婷婷

第二联:发票联 购货方记账凭证

49—2

上海市增值税专用发票

抵 扣 联

NO.0529523

开票日期:2010 年 12 月 10 日

购货单位	名 称	上海通用机械厂	纳税人登记号	8506832101
	地址、电话	上海市浦东区向阳路 8 号	开户银行及账号	工行上海浦东支行 11305397069

货物及应税劳务名称	单位	数量	单价	金额									税率	税额								
				百	十	万	千	百	十	元	角	分		百	十	万	千	百	十	元	角	分
A 材料	千克	4 000	25		1	0	0	0	0	0	0	0	17%			1	7	0	0	0	0	0
合 计		4 000		¥	1	0	0	0	0	0	0	0			¥	1	7	0	0	0	0	0
价税合计(大写)	×佰壹拾壹万柒仟元整													(小写)¥117 000.00								

销货单位	名称	上海华特物资供应公司	税务登记号	64325612
	地址、电话	上海市吴淞路 28 号	开户银行及账号	中行上海吴淞分理处 53198364

销售单位:(章)　　收款人:孙凤英　　复核:刘羽　　开票人:宋婷婷

第三联:抵扣联 购货方扣税凭证

49—3

入　库　单

单位：仓库　　　　　　　　　　　　2010 年 12 月 10 日

材料类别	材料名称	单　位	数　量	实收数量	单　价	金额
原材料	A 材料	千克	4 000	4 000	25	100 000.00
合　计			4 000	4 000		100 000.00

第二联：记账联

50—1

辽宁省增值税专用发票

发　票　联

NO.002153

开票日期：2010 年 12 月 10 日

购货单位	名　称	上海通用机械厂	纳税人登记号	8506832101
	地址、电话	上海市浦东区向阳路 8 号	开户银行及账号	工行上海浦东支行 11305397069

货物及应税劳务名称	单位	数量	单价	金额 百	十	万	千	百	十	元	角	分	税率	税额 百	十	万	千	百	十	元	角	分
B 材料	千克	4 000	73		2	9	2	0	0	0	0	0	17%			4	9	6	4	0	0	0
合　计		4 000		¥	2	9	2	0	0	0	0	0			¥	4	9	6	4	0	0	0

价税合计（大写）	×佰叁拾肆万壹仟陆佰肆拾元整	（小写）¥341 640.00

销货单位	名称	大连电瓷仪器厂	税务登记号	56-32-56-386
	地址、电话	大连市红军路 19 号	开户银行及账号	建行大连红军分理处 23-1988-65

销售单位：（章）　　　收款人：马春奇　　　复核：王亮　　　开票人：马云楠

第二联：发票联　购货方记账凭证

50—2

辽宁省增值税专用发票

抵　扣　联

NO.002153

开票日期：2010 年 12 月 10 日

购货单位	名　称	上海通用机械厂	纳税人登记号	8506832101
	地址、电话	上海市浦东区向阳路 8 号	开户银行及账号	工行上海浦东支行 11305397069

货物及应税劳务名称	单位	数量	单价	金额 百	十	万	千	百	十	元	角	分	税率	税额 百	十	万	千	百	十	元	角	分
B 材料	千克	4 000	73		2	9	2	0	0	0	0	0	17%			4	9	6	4	0	0	0
合　计		4 000		¥	2	9	2	0	0	0	0	0			¥	4	9	6	4	0	0	0

价税合计（大写）	×佰叁拾肆万壹仟陆佰肆拾元整	（小写）¥341 640.00

销货单位	名称	大连电瓷仪器厂	税务登记号	56-32-56-386
	地址、电话	大连市红军路 19 号	开户银行及账号	建行大连红军分理处 23-1988-65

销售单位：（章）　　　收款人：马春奇　　　复核：王亮　　　开票人：马云楠

第三联：抵扣联　购货方扣税凭证

50—3

货物运输业增值税发票

发　票　联

NO.508106

开票日期:2012 年 12 月 10 日

购货单位或实际受票方	名　　　称:上海通用机械厂 纳税人识别号:8506832101 地 址 、电 话:上海市浦东区向阳路 8 号 开户行及账号:工行上海浦东支行 11305397069				密码区		
货物及应税劳务名称	规格型号	单位	数量	单价	金额	税率	税额
B 材料运费			10		1 600	11%	176
价税合计(大写)	壹仟柒佰柒拾陆元整					(小写)￥1776.00	
托运人	大连电瓷仪器厂						
开票单位	名　　　称:中国铁路总公司深圳分公司 纳税人识别号:265-566-987 地 址 、电 话:大连市文化路 12 号(88581583) 开户行及账号:建行大连市文化分理处 421-658-693				备　注		

收款人:麻吉　　复核:杨春　　开票人:唐嘉　　开票单位:中国铁路总公司大连分公司

第一联:发票联　购货方记账凭证

50—4

货物运输业增值税发票

抵　扣　联

NO.508106

开票日期:2012 年 12 月 10 日

购货单位或实际受票方	名　　　称:上海通用机械厂 纳税人识别号:8506832101 地 址 、电 话:上海市浦东区向阳路 8 号 开户行及账号:工行上海浦东支行 11305397069				密码区		
货物及应税劳务名称	规格型号	单位	数量	单价	金额	税率	税额
B 材料运费			10		1 600	11%	176
价税合计(大写)	壹仟柒佰柒拾陆元整					(小写)￥1776.00	
托运人	大连电瓷仪器厂						
开票单位	名　　　称:中国铁路总公司深圳分公司 纳税人识别号:265-566-987 地 址 、电 话:大连市文化路 12 号(88581583) 开户行及账号:建行大连市文化分理处 421-658-693				备　注		

收款人:麻吉　　复核:杨春　　开票人:唐嘉　　开票单位:中国铁路总公司大连分公司

第二联:抵扣联　购货方扣税凭证

50—5

入　库　单

单位：仓库　　　　2010 年 12 月 10 日

材料类别	材料名称	单　位	数　量	实收数量	单　价	金额
原材料	B 材料	千克	4 000	4 000		
合　计			4 000	4 000		

第二联：记账联

51—1

中国工商银行　电汇凭证(付账通知)

委托日期　2010 年 12 月 11 日　　　　NO. 008329

汇款人	全　称	上海通用机械厂			收款人	全　称	重庆智飞动力有限公司		
	账　号或住址	11305397069				账　号或住址	831-98-652		
	汇　出地　点	上海市县	汇出行名　称	工行上海浦东支行		汇　入地　点	重庆市县	汇入行名　称	交行重庆友谊分行

金额	人民币（大写）贰拾陆万元整	亿	千	百	十	万	千	百	十	元	角	分
				¥	2	6	0	0	0	0	0	0

汇款用途：支付前欠货款	汇出行盖章
上列款项已根据委托办理，如需查询，请持回单来行面洽 单位主管　　会计　　复核　　记账	中国工商银行上海市浦东支行 2010.12.11 转讫 年　月　日

此联是汇出行交给汇款人的付账通知

52－1

上海市增值税专用发票
发　票　联

NO.0523933

开票日期:2010 年 12 月 11 日

<table>
<tr><td rowspan="2">购货单位</td><td>名　称</td><td colspan="3">上海通用机械厂</td><td colspan="9">纳税人登记号</td><td colspan="10">8506832101</td></tr>
<tr><td>地址、电话</td><td colspan="3">上海市浦东区
向阳路 8 号</td><td colspan="9">开户银行及账号</td><td colspan="10">工行上海浦东支行 11305397069</td></tr>
<tr><td colspan="2" rowspan="2">货物及应税劳务名称</td><td rowspan="2">单位</td><td rowspan="2">数量</td><td rowspan="2">单价</td><td colspan="9">金　额</td><td rowspan="2">税率</td><td colspan="9">税额</td></tr>
<tr><td>百</td><td>十</td><td>万</td><td>千</td><td>百</td><td>十</td><td>元</td><td>角</td><td>分</td><td>百</td><td>十</td><td>万</td><td>千</td><td>百</td><td>十</td><td>元</td><td>角</td><td>分</td></tr>
<tr><td colspan="2">C 材料</td><td>千克</td><td>40 000</td><td>14.25</td><td></td><td>5</td><td>7</td><td>0</td><td>0</td><td>0</td><td>0</td><td>0</td><td>0</td><td>17%</td><td></td><td></td><td>9</td><td>6</td><td>9</td><td>0</td><td>0</td><td>0</td><td>0</td></tr>
<tr><td colspan="2"></td><td></td><td></td><td></td><td></td><td></td><td></td><td></td><td></td><td></td><td></td><td></td><td></td><td></td><td></td><td></td><td></td><td></td><td></td><td></td><td></td><td></td><td></td></tr>
<tr><td colspan="2"></td><td></td><td></td><td></td><td></td><td></td><td></td><td></td><td></td><td></td><td></td><td></td><td></td><td></td><td></td><td></td><td></td><td></td><td></td><td></td><td></td><td></td><td></td></tr>
<tr><td colspan="2"></td><td></td><td></td><td></td><td></td><td></td><td></td><td></td><td></td><td></td><td></td><td></td><td></td><td></td><td></td><td></td><td></td><td></td><td></td><td></td><td></td><td></td><td></td></tr>
<tr><td colspan="2">合　计</td><td></td><td>40 000</td><td></td><td>¥</td><td>5</td><td>7</td><td>0</td><td>0</td><td>0</td><td>0</td><td>0</td><td>0</td><td></td><td></td><td>¥</td><td>9</td><td>6</td><td>9</td><td>0</td><td>0</td><td>0</td><td>0</td></tr>
<tr><td colspan="2">价税合计(大写)</td><td colspan="13">×佰陆拾陆万陆仟玖佰元整</td><td colspan="10">(小写)¥666 900.00</td></tr>
<tr><td rowspan="2">销货单位</td><td>名称</td><td colspan="3">上海华特物资供应公司</td><td colspan="9">税务登记号</td><td colspan="10">64325612</td></tr>
<tr><td>地址、电话</td><td colspan="3">上海市吴淞路 28 号</td><td colspan="9">开户银行及账号</td><td colspan="10">中行上海吴淞分理处 53198364</td></tr>
</table>

销售单位:(章)　　收款人:孙凤英　　复核:刘羽　　开票人:宋婷婷

第二联:发票联　购货方记账凭证

52－2

上海市增值税专用发票
抵　扣　联

NO.0523933

开票日期:2010 年 12 月 11 日

<table>
<tr><td rowspan="2">购货单位</td><td>名　称</td><td colspan="3">上海通用机械厂</td><td colspan="9">纳税人登记号</td><td colspan="10">8506832101</td></tr>
<tr><td>地址、电话</td><td colspan="3">上海市浦东区
向阳路 8 号</td><td colspan="9">开户银行及账号</td><td colspan="10">中行上海浦东支行 11305397069</td></tr>
<tr><td colspan="2" rowspan="2">货物及应税劳务名称</td><td rowspan="2">单位</td><td rowspan="2">数量</td><td rowspan="2">单价</td><td colspan="9">金　额</td><td rowspan="2">税率</td><td colspan="9">税额</td></tr>
<tr><td>百</td><td>十</td><td>万</td><td>千</td><td>百</td><td>十</td><td>元</td><td>角</td><td>分</td><td>百</td><td>十</td><td>万</td><td>千</td><td>百</td><td>十</td><td>元</td><td>角</td><td>分</td></tr>
<tr><td colspan="2">C 材料</td><td>千克</td><td>40 000</td><td>14.25</td><td></td><td>5</td><td>7</td><td>0</td><td>0</td><td>0</td><td>0</td><td>0</td><td>0</td><td>17%</td><td></td><td></td><td>9</td><td>6</td><td>9</td><td>0</td><td>0</td><td>0</td><td>0</td></tr>
<tr><td colspan="2"></td><td></td><td></td><td></td><td></td><td></td><td></td><td></td><td></td><td></td><td></td><td></td><td></td><td></td><td></td><td></td><td></td><td></td><td></td><td></td><td></td><td></td><td></td></tr>
<tr><td colspan="2"></td><td></td><td></td><td></td><td></td><td></td><td></td><td></td><td></td><td></td><td></td><td></td><td></td><td></td><td></td><td></td><td></td><td></td><td></td><td></td><td></td><td></td><td></td></tr>
<tr><td colspan="2"></td><td></td><td></td><td></td><td></td><td></td><td></td><td></td><td></td><td></td><td></td><td></td><td></td><td></td><td></td><td></td><td></td><td></td><td></td><td></td><td></td><td></td><td></td></tr>
<tr><td colspan="2">合　计</td><td></td><td>40 000</td><td></td><td>¥</td><td>5</td><td>7</td><td>0</td><td>0</td><td>0</td><td>0</td><td>0</td><td>0</td><td></td><td></td><td>¥</td><td>9</td><td>6</td><td>9</td><td>0</td><td>0</td><td>0</td><td>0</td></tr>
<tr><td colspan="2">价税合计(大写)</td><td colspan="13">×佰陆拾陆万陆仟玖佰元整</td><td colspan="10">(小写)¥666 900.00</td></tr>
<tr><td rowspan="2">销货单位</td><td>名称</td><td colspan="3">上海华特物资供应公司</td><td colspan="9">税务登记号</td><td colspan="10">64325612</td></tr>
<tr><td>地址、电话</td><td colspan="3">上海市吴淞路 28 号</td><td colspan="9">开户银行及账号</td><td colspan="10">中行上海吴淞分理处 53198364</td></tr>
</table>

销售单位:(章)　　收款人:孙凤英　　复核:刘羽　　开票人:宋婷婷

第三联:抵扣联　购货方扣税凭证

52—3

材料验收入库单

单位：仓库　　　　2010 年 12 月 11 日

材料类别	材料名称	单位	数量	实收数量	单价	金额
原材料	C 材料	千克	40 000	40 000	14.25	570 000.00
合计			40 000	40 000		570 000.00

第二联：记账联

53—1

中国工商银行　电汇凭证(付账通知)

委托日期　2010 年 12 月 11 日　　　　NO. 008330 号

汇款人	全称	上海通用机械厂			收款人	全称	长春轴研科技公司		
	账号或住址	11305397069				账号或住址	83198-532		
	汇出地点	上海市县	汇出行名称	工行上海浦东支行		汇入地点	长春市县	汇入行名称	工行长春长兴分理处

金额	人民币(大写)叁拾伍万贰仟元整	亿	千	百	十	万	千	百	十	元	角	分
				¥	3	5	2	0	0	0	0	0

汇款用途：预付购料款

上列款项已根据委托办理，如需查询，请持回单来行面洽

单位主管　　会计　　复核　　记账

汇出行盖章　　（印章：中国工商银行上海浦东支行 2010.12.11 转讫）

年　月　日

此联是汇出行交给汇款人的付账通知

54—1

山西省增值税专用发票

发票联　（印章：全国统一发票监制章 山西 国家税务局监制）

NO.389612

开票日期：2010 年 12 月 11 日

购货单位	名称	上海通用机械厂	纳税人登记号	8506832101
	地址、电话	上海市浦东区向阳路 8 号	开户银行及账号	中行上海浦东支行 11305397069

货物及应税劳务名称	单位	数量	单价	金额	税率	税额
机床	台	1	108 000	108 000.00	17%	18 360.00
合计				¥108 000.00		¥18 360.00
价税合计(大写)	×佰壹拾贰万陆仟叁佰陆拾元整				(小写)¥126 360.00	

销货单位	名称	太原机器设备厂	税务登记号	63856621
	地址、电话	太原市太行山路 38 号	开户银行及账号	建行太原太行山支行 86523132

（印章：太原机器设备厂 发票专用章）

销售单位：(章)　　收款人：周海　　复核：王雨娟　　开票人：王楠

第二联：发票联　购货方记账凭证

54－2

山西省增值税专用发票

抵　扣　联

NO.389612

开票日期：2010年12月11日

购货单位	名　称	上海通用机械厂	纳税人登记号	8506832101
	地址、电话	上海市浦东区向阳路8号	开户银行及账号	中行上海浦东支行 11305397069

货物及应税劳务名称	单位	数量	单价	金额	税率	税额
机床	台	1	108 000	10800000	17%	1836000
合　计				¥10800000		¥1836000
价税合计(大写)	×佰壹拾贰万陆仟叁佰陆拾元整					(小写)¥126 360.00

销货单位	名称	太原机器设备厂	税务登记号	63856621
	地址、电话	太原市太行山路38号	开户银行及账号	建行太原太行山支行 86523132

销售单位：(章)　　收款人：周海　　复核：王雨娟　　开票人：王楠

第三联：抵扣联　购货方扣税凭证

54－3

货物运输业增值税发票

发　票　联

NO.708107

开票日期：2012年12月11日

购货单位或实际受票方	名　　称：上海通用机械厂 纳税人识别号：8506832101 地 址 、电 话：上海市浦东区向阳路8号 开户行及账号：工行上海浦东支行 11305397069				密码区		
货物及应税劳务名称	规格型号	单位	数量	单价	金额	税率	税额
机床运费			1		500	11%	55
价税合计(大写)	伍佰伍拾伍元整						(小写)¥555.00
托运人	太原机器设备厂						
开票单位	名　　称：中国铁路总公司太原分公司 纳税人识别号：265-566-987 地 址 、电 话：太原市太行山路19号(88581584) 开户行及账号：建行太原市太行分理处 421-658-694				备　注		

收款人：李翔　　复核：刘伟　　开票人：王晓　　开票单位：中国铁路总公司太原分公司

第一联：发票联　购货方记账凭证

54－4

货物运输业增值税发票

抵　扣　联

NO.708107

开票日期：2012年12月11日

购货单位或实际受票方	名　　称：上海通用机械厂 纳税人识别号：8506832101 地 址 、电 话：上海市浦东区向阳路8号 开户行及账号：工行上海浦东支行11305397069				密码区		
货物及应税劳务名称	规格型号	单位	数量	单价	金额	税率	税额
机床运费			1		500	11%	55
价税合计（大写）	伍佰伍拾伍元整				（小写）¥555.00		
托运人	太原机器设备厂						
开票单位	名　　称：中国铁路总公司太原分公司 纳税人识别号：265-566-987 地 址 、电 话：太原市太行山路19号(88581584) 开户行及账号：建行太原市太行分理处 421-658-691				备　注		

收款人：李翔　　复核：刘伟　　开票人：王晓　　开票单位：中国铁路总公司太原分公司

第二联：抵扣联　购货方扣税凭证

54－5

中国工商银行　电汇凭证（付账通知）

委托日期　2010年12月11日　　NO.008331

汇款人	全　称	上海通用机械厂			收款人	全　称	太原机器设备厂		
	账　号或住址	11305397069				账　号或住址	839-18-532		
	汇　出地　点	上海市县	汇出行名　称	工行浦东支行		汇　入地　点	太原市县	汇入行名　称	建行太原太行山支行

金额	人民币（大写）壹拾贰万陆仟玖佰壹拾伍元整	亿	千	百	十	万	千	百	十	元	角	分
				¥	1	2	6	9	1	5	0	0

汇款用途：购入机床款	汇出行盖章
上列款项已根据委托办理，如需查询，请持回单来行面洽 单位主管　　会计　　复核　记账	年　月　日

（印章：中国工商银行上海市浦东支行 2010.12.11 转讫）

此联是汇出行交给汇款人的付账通知

55－1

固定资产租赁合同

2010 年 12 月 12 日

出租单位：上海仪器设备厂　　　　租入单位：上海通用机械厂

名称	规格型号	单位	数量	原始价值	合同内容		备注
					年租金	月租金	
仪表		台	1	96 000	16 800	1 400	租期
使用部门		管理部门使用					2 年
合计			1	96 000	16 800	1 400	

设备科长：　　　　财务处长：　　　　经办人：

55－2

中国工商银行 **转账支票存根** **XIV223554**
附加信息：
出票日期：2012 年 12 月 12 日
收 款 人：上海通用机械厂
金　　额：￥1 400.00
用　　途：付租金
单位主管：　　　　会计：

56—1

中国工商银行进账单（收款通知）　3

2010 年 12 月 12 日　　　　NO. 9830066 号

<table>
<tr><td rowspan="3">出票人</td><td>全　称</td><td>南京精密仪器有限公司</td><td rowspan="3">收款人</td><td>全　称</td><td colspan="11">上海通用机械厂</td></tr>
<tr><td>账　号</td><td>32555-758-493</td><td>账　号</td><td colspan="11">11305397069</td></tr>
<tr><td>开户银行</td><td>工行南京西河路分理处</td><td>开户银行</td><td colspan="11">工行上海浦东支行</td></tr>
<tr><td rowspan="2">金额</td><td colspan="4" rowspan="2">人民币
（大写）贰拾捌万元整</td><td>亿</td><td>千</td><td>百</td><td>十</td><td>万</td><td>千</td><td>百</td><td>十</td><td>元</td><td>角</td><td>分</td></tr>
<tr><td></td><td></td><td>¥</td><td>2</td><td>8</td><td>0</td><td>0</td><td>0</td><td>0</td><td>0</td><td>0</td></tr>
<tr><td>票据种类</td><td colspan="2">银行汇票</td><td colspan="13" rowspan="3">中国工商银行上海市浦东支行
2010.12.12
转讫

收款人开户行盖章</td></tr>
<tr><td>票据张数</td><td colspan="2">1</td></tr>
<tr><td colspan="3">预收销货款

复核　　　　记账</td></tr>
</table>

此联是收款人开户银行交给收款人的收账通知

57—1

资产评估报告书

2010 年 12 月 12 日

根据《国有资产评估管理办法》，对贵厂对外投资的仓库按现行市价进行评估，评估后确认价值256 000元。

评估员：刘成

中国注册会计师：陆军

上海中信会计师事务所（印章：上海中信会计师事务所）

57—2

固定资产联营转移单

投资单位：上海通用机械厂

被投资单位：上海市棉纺厂　　　　2010 年 12 月 12 日

名称	规格型号	单位	数量	原值	已提折旧	净值	预计使用年限	评估价值	备注
仓库		间	1	300 000	120 000	180 000	30		已验收
调出单位	（印章：上海通用机械厂）					调入单位	（印章：上海市棉纺厂）		
附属设备									

58—1

固定资产出售单

出售单位：上海通用机械厂

接受单位：上海市电梯厂　　2010 年 12 月 12 日

名称	规格型号	单位	数量	原值	已提折旧	净值	预计使用年限	评估价值	备注
钻床		台	1	160 000	26 000	134 000	10	156 000	已验收
调出单位						调入单位			
附属设备									

58—2

固定资产出售审批单

申报单位：上海通用机械厂　　2010 年 12 月 12 日　　单位：元

固定资产名称	钻床	单位	台	规格		数量	1
资产编号	0038	停用时间	2010.12	购进时间	2001.12	存放地点	加工车间
已使用年限	2	原值	160 000	已提折旧	26 000	自报售价	170 000
应使用年限	10	净值	134 000	预计净残值		评估价	156 000
报废原因	使用年限已满　负责人　公章　2010 年 12 月 12 日						
使用单位意见	已无生产能力　负责人　公章　2010 年 12 月 12 日						
主管部门意见	同意报废　负责人　公章　2010 年 12 月 12 日						
上级主管部门意见	同意报废　负责人　公章　2010 年 12 月 12 日						
产权交易回收情况	负责人　公章　2010 年 12 月 12 日						

58—3

中国工商银行进账单(收款通知) 3

2010年12月12日　　NO. 9830068

<table>
<tr><td rowspan="3">出票人</td><td>全称</td><td>上海市电梯厂</td><td rowspan="3">收款人</td><td>全称</td><td colspan="11">上海通用机械厂</td></tr>
<tr><td>账号</td><td>32-577-758-4-93</td><td>账号</td><td colspan="11">11305397069</td></tr>
<tr><td>开户银行</td><td>浦发银行上海长江路分理处</td><td>开户银行</td><td colspan="11">工行上海浦东支行</td></tr>
<tr><td rowspan="2">金额</td><td colspan="4" rowspan="2">人民币
(大写)壹拾伍万陆仟元整</td><td>亿</td><td>千</td><td>百</td><td>十</td><td>万</td><td>千</td><td>百</td><td>十</td><td>元</td><td>角</td><td>分</td></tr>
<tr><td></td><td></td><td>¥</td><td>1</td><td>5</td><td>6</td><td>0</td><td>0</td><td>0</td><td>0</td><td>0</td></tr>
<tr><td>票据种类</td><td colspan="2">转账支票</td><td colspan="13" rowspan="3">中国工商银行上海市浦东支行 2010.12.12 转讫
收款人开户行盖章</td></tr>
<tr><td>票据张数</td><td colspan="2">1</td></tr>
<tr><td colspan="3">复核　　记账</td></tr>
</table>

此联是收款人开户银行交给收款人的收账通知

59—1

上海市零售业统一发票

发票联

客户名称:上海通用机械厂　　2010年12月12日　　No.4849

<table>
<tr><td rowspan="2">商品名称</td><td rowspan="2">单位</td><td rowspan="2">数量</td><td rowspan="2">单价</td><td colspan="7">金额</td><td rowspan="2">备注</td></tr>
<tr><td>万</td><td>千</td><td>百</td><td>十</td><td>元</td><td>角</td><td>分</td></tr>
<tr><td>办公用品</td><td></td><td></td><td></td><td></td><td></td><td>1</td><td>5</td><td>8</td><td>0</td><td>0</td><td rowspan="4">现金
支付</td></tr>
<tr><td></td><td></td><td></td><td></td><td></td><td></td><td></td><td></td><td></td><td></td><td></td></tr>
<tr><td></td><td></td><td></td><td></td><td></td><td></td><td></td><td></td><td></td><td></td><td></td></tr>
<tr><td colspan="4">合计金额 人民币(大写):壹佰伍拾捌元整</td><td></td><td>¥</td><td>1</td><td>5</td><td>8</td><td>0</td><td>0</td></tr>
</table>

第二联:发票联

开票人:上海市文教用品商店　　收款人:李清

(印章:上海市文教用品商店 财务专用章)

60—1

中国工商银行 **转账支票存根** **XIV223555**
附加信息:
出票日期:2010年12月12日
收 款 人:上海市强力索具公司
金　　额:¥200 000.00
用　　途:预付材料款
单位主管:　　会计:

(印章:之印)

60—2

上海市专用收款收据

2010 年 12 月 12 日

付款单位（交款人）	上海通用机械厂	收款单位（领款人）	上海市强力索具公司	收款项目			货款					
金额（大写）	贰拾万元整			百	十	万	千	百	十	元	角	分
				¥	2	0	0	0	0	0	0	0
收款事由	预收材料款	结算方式	支票结算	收款员：刘丽								
上述款项照数收讫无误 收款单位财务专用章 领款人签章		会计主管		出纳			交款人					

（印章：上海市强力索具公司 财务专用章）

61—1

上海市零售业统一发票

发　票　联

（印章：全国统一发票监制章 国家税务局监制）

客户名称：上海通用机械厂　　　　2010 年 12 月 15 日　　　　No.8049

商品名称	单　位	数　量	单　价	金额							备注
				万	千	百	十	元	角	分	
工艺美术品	个	70	200	1	4	0	0	0	0	0	转账支付
合计金额 人民币（大写）：壹万肆仟元整				1	4	0	0	0	0	0	

第二联：发票联

（印章：上海市工艺美术商店 财务专用章）

开票人：（盖章）　　　　收款人：李清

61—2

中国工商银行

转账支票存根

XIV223556

附加信息：

出票日期：2010 年 12 月 15 日

收　款　人：上海市工艺美术商店

金　　额：¥14 000.00

用　　途：购买纪念品

单位主管：　　　　会计：

（印章：之印）

62—1

上海市地方税务局

印花税票报销专用凭证

购买单位:上海通用机械厂　　　　2010 年 12 月 15 日

税　目	计税依据	税率	应纳税额	税款所属期
账簿	12 本	5/本	60	全年
产权证许可证照	10 本	5/本	50	全年
合同	580 000	万分之五	290	全年
合　计	肆佰元整		400	

单位负责人:　　　　财务负责人:　　　　办税人员:　　　　税务机关:

62—2

中国工商银行

转账支票存根

XIV223557

附加信息:

出票日期:2010 年 12 月 15 日

收 款 人:工行上海市中华分理处

金　　额:￥400.00

用　　途:购买印花税票

单位主管:　　　　会计:

63—1

中国人民邮政报刊收据

客户名称:上海通用机械厂　　　　2010 年 12 月 15 日　　　　No. 524843

项　目	起止期	份数	金额 万	千	百	十	元	角	分	备注
人民日报等	2011.1～2011.12	10		3	9	6	0	0	0	
合　计				3	9	6	0	0	0	
人民币:叁仟玖佰陆拾元整			￥3 960.00							

开票人:　　　　收款人:张啸林

63－2

中国工商银行
转账支票存根
XIV223558

附加信息：

出票日期：2010 年 12 月 15 日
收 款 人：上海市邮政局
金　　额：¥3 960.00
用　　途：订报刊
单位主管：　　　　会计：

之印

64－1

服务业、娱乐业、文化体育业专用发票

发　票　联

全国统一发票监制章 上海 国家税务局监制

密码

税务登记号：1660 345　　　　发票号 NO. 47810563

收款单位：上海市广播电台

付款单位(个人)：

经营项目	金额
广告费	11 360.00
金额合计(人民币大写)壹万壹仟叁佰陆拾元整	
机打票号：94866	税控装置号：216798
税控防伪码：6EEC507788965AW	开票日期：2010 年 12 月 15 日

上海市广播电台 财务专用章

收款单位(盖章有效)

64－2

中国工商银行
转账支票存根
XIV223559

附加信息：

出票日期：2010 年 12 月 15 日
收 款 人：上海市广播电台
金　　额：¥11 360.00
用　　途：广告费
单位主管：　　　　会计：

之印

65－1

上海市增值税专用发票

发　票　联

国家税务局监制

NO.938612

开票日期:2010年12月15日

购货单位	名　称	上海通用机械厂	纳税人登记号	8506832101
	地址、电话	上海市浦东区向阳路8号	开户银行及账号	工行上海浦东支行 11305397069

货物及应税劳务名称	单位	数量	单价	金额 百	十	万	千	百	十	元	角	分	税率	税额 百	十	万	千	百	十	元	角	分
办公桌	张	60	700			4	2	0	0	0	0	0	17%				7	1	4	0	0	0
办公椅	把	60	300			1	8	0	0	0	0	0					3	0	6	0	0	0
合　计					¥	6	0	0	0	0	0	0			¥	1	0	2	0	0	0	0

价税合计(大写)	×佰×拾柒万零贰佰元整	(小写)¥70 200.00		
销货单位 名称	上海办公设备厂	税务登记号	116368221	
销货单位 地址、电话	上海市珠江路39号	开户银行及账号	建行上海珠江支行 231423132	

上海办公设备厂 发票专用章

销售单位:(章)　　收款人:周丽　　复核:王雨　　开票人:王元

第二联:发票联　购货方记账凭证

65－2

上海市增值税专用发票

抵　扣　联

国家税务局监制

NO.938612

开票日期:2010年12月15日

购货单位	名　称	上海通用机械厂	纳税人登记号	8506832101
	地址、电话	上海市浦东区向阳路8号	开户银行及账号	工行上海浦东支行 11305397069

货物及应税劳务名称	单位	数量	单价	金额 百	十	万	千	百	十	元	角	分	税率	税额 百	十	万	千	百	十	元	角	分
办公桌	张	60	700			4	2	0	0	0	0	0	17%				7	1	4	0	0	0
办公椅	把	60	300			1	8	0	0	0	0	0					3	0	6	0	0	0
合　计					¥	6	0	0	0	0	0	0			¥	1	0	2	0	0	0	0

价税合计(大写)	×佰×拾柒万零贰佰元整	(小写)¥70 200.00		
销货单位 名称	上海办公设备厂	税务登记号	116368221	
销货单位 地址、电话	上海市珠江路39号	开户银行及账号	建行上海珠江支行 231423132	

上海办公设备厂 发票专用章

销售单位:(章)　　收款人:周丽　　复核:王雨　　开票人:王元

第三联:抵扣联　购货方扣税凭证

65—3

入 库 单

单位：仓库　　　　　　　2010 年 12 月 15 日

材料类别	材料名称	单 位	数量	实收数量	单 价	金 额
低值易耗品	办公桌椅	套	60	60	700＋300	60 000.00
合　计						60 000.00

第二联：记账联

65—4

中国工商银行 **转账支票存根** **XIV2235510**
附加信息：
出票日期：2010 年 12 月 15 日
收 款 人：上海办公设备厂
金　　额：¥70 200.00
用　　途：付货款
单位主管：　　　　会计：

66—1

上海市增值税专用发票

记　账　联

NO.15005

开票日期：2010 年 12 月 15 日

购货单位			
名　称	广州百盛设备有限公司	纳税人登记号	43861120058
地址、电话	广州市中山路 58 号	开户银行及账号	工行广州中山支行 55368228

货物及应税劳务名称	单位	数量	单价	金额 百	十	万	千	百	十	元	角	分	税率	税额 百	十	万	千	百	十	元	角	分
甲产品	台	2 800	360	1	0	0	8	0	0	0	0	0	17%		1	7	1	3	6	0	0	0
合　计		2 800		1	0	0	8	0	0	0	0	0		¥	1	7	1	3	6	0	0	0

价税合计(大写)	×仟壹佰壹拾柒万玖仟叁佰陆拾元整	(小写)¥1 179 360.00

销货单位			
名称	上海通用机械厂	税务登记号	8506832101
地址、电话	上海市浦东区向阳路 8 号	开户银行及账号	工行上海浦东支行 11305397069

销售单位：(章)　　收款人：刘娲　　复核：高芳　　开票人：李静

第四联：记账联　售货方记账凭证

66－2

货物运输业增值税发票

发　票　联

NO.008508

开票日期:2012年12月15日

<table>
<tr><td>购货单位或
实际受票方</td><td colspan="4">名　　　称:广州百盛设备有限公司
纳税人识别号:8506832101
地 址 、电 话:上海市浦东区向阳路8号
开户行及账号:工行上海浦东支行11305397069</td><td>密码区</td><td colspan="2"></td></tr>
<tr><td>货物及应税劳务名称</td><td>规格型号</td><td>单位</td><td>数量</td><td>单价</td><td>金额</td><td>税率</td><td>税额</td></tr>
<tr><td>甲产品运费</td><td></td><td></td><td>14</td><td></td><td>2 378.38</td><td>11%</td><td>261.62</td></tr>
<tr><td>价税合计(大写)</td><td colspan="7">贰仟陆佰肆拾元整　　　　(小写)￥2640.00</td></tr>
<tr><td>托运人</td><td colspan="7">上海通用机械厂</td></tr>
<tr><td>开票单位</td><td colspan="4">名　　　称:中国铁路总公司上海分公司
纳税人识别号:265-566-987
地 址 、电 话:上海市霞飞路12号(21581581)
开户行及账号:农行上海市霞飞分理处
421-658-691</td><td>备　注</td><td colspan="2"></td></tr>
</table>

第一联:发票联　购货方记账凭证

收款人:张一德　　复核:米星　　开票人:刘莹　　开票单位:中国铁路总公司上海分公司

66－3

<table>
<tr><td>中国工商银行
转账支票存根
XIV223560
附加信息:</td></tr>
<tr><td></td></tr>
<tr><td>出票日期:2010年12月15日</td></tr>
<tr><td>收 款 人:上海市铁路货运站</td></tr>
<tr><td>金　　额:￥2 640.00</td></tr>
<tr><td>用　　途:付运费</td></tr>
<tr><td>单位主管:　　　　会计:</td></tr>
</table>

66—4

银行承兑汇票 2

出票日期 贰零壹零年壹拾贰月壹拾伍日　　　　第 5978 号

出票人	全　称	广州百盛设备有限公司			持票人	全　称	上海通用机械厂		
	账　号 或住址	55368228				账　号 或住址	11305397069		
	汇　出 地　点	广东省广州市县	汇出行 名　称	工行上海中山支行		汇　入 地　点	上海市浦东区	汇入行 名　称	工行上海浦东支行

出票金额	人民币 （大写）壹佰壹拾捌万贰仟元整	亿	千	百	十	万	千	百	十	元	角	分
			¥	1	1	8	2	0	0	0	0	0

汇票到期日	2011 年 3 月 20 日	交易合同号码	2568
本汇票已经承兑，到期无条件支付票款 承兑人签章 承兑日期 2010 年 12 月 15 日		本汇票请予以承兑于到期日付款 出票人签章	

此联持票人开户行寄付款人开户行作借方凭证

67—1

上海市服务业统一发票

发　票　联

客户名称：上海通用机械厂　　　　2010 年 12 月 15 日　　　　No.6950

项　目	单　位	数　量	单　价	万	千	百	十	元	角	分	备注
法律咨询					2	6	0	0	0	0	
合计金额 人民币：贰仟陆佰元整				¥	2	6	0	0	0	0	

开票人：章　　　　收款人：王浩

第二联：发票联

67—2

中国工商银行

转账支票存根

XIV223561

附加信息：

出票日期：2010 年 12 月 15 日

收 款 人：中期律师事务所

金　　额：¥2 600.00

用　　途：法律咨询

单位主管：　　　　会计：

68－1

有价证券代保管单

客户名称：上海通用机械厂　　　　2010年12月15日　　　　No. 524843

项　目	起止期	张数	金额 百	十	万	千	百	十	元	角	分	备注
永安债券	2010.12.15～2012.12.15			4	0	0	0	0	0	0	0	
合 计			¥	4	0	0	0	0	0	0	0	
人民币：肆拾万元整		¥400 000.00										

（印章：上海市证券公司 财务专用章）

68－2

中国工商银行 **转账支票存根** **XIV223562**
附加信息：
出票日期：2010年12月15日
收　款　人：上海市证券公司
金　　额：¥400 000.00
用　　途：购买有价证券
单位主管：　　　　会计：

（印章：之印）

69－1

中华人民共和国
税收缴款书 地

No. 0055861

经济类型：国有　　　　填发日期：2010年12月15日　　　　收入机关：上海市地方税务局

缴款单位（人）	全　称	上海通用机械厂	预算科目	款　项	营业税滞纳金
	开户银行	工行上海浦东支行		级　次	市级
	账　号	11305397069	收款国库		中心支库
税款所属时期 2010年11月1～30日			税款限缴时期 2010年12月20日		

项目名称	计征金额	征收率	实缴税额 千	百	十	万	千	百	十	元	角	分
滞纳金								6	4	0	0	0
合计		5%					¥	6	4	0	0	0
合计金额（大写）	人民币（大写）⊕仟⊕佰⊕拾⊕万⊕仟陆佰肆拾零元零角零分											

缴款单位（盖章）	税务机关 填票人（章）	上列款项已收妥并划转收款单位账户 国库（银行）盖章 2010年12月15日	备注

（印章：上海通用机械厂；上海市地方税务局 税务专用章；中国工商银行上海市浦东支行 2010.12.15 转讫）

第一联：（收据）国库收款盖章后退缴款单位作完税凭证

70—1

上海市专用收款收据

2010 年 12 月 16 日

<table>
<tr><td>付款单位
（交款人）</td><td>李明</td><td>收款单位
（领款人）</td><td>上海通用机械厂</td><td colspan="5">收款项目</td><td colspan="4">借款</td></tr>
<tr><td rowspan="2">金额（大写）</td><td colspan="3" rowspan="2">拾万元整</td><td>百</td><td>十</td><td>万</td><td>千</td><td>百</td><td>十</td><td>元</td><td>角</td><td>分</td></tr>
<tr><td>¥</td><td>1</td><td>0</td><td>0</td><td>0</td><td>0</td><td>0</td><td>0</td><td>0</td></tr>
<tr><td>收款事由</td><td>借款</td><td>结算方式</td><td>现金结算</td><td colspan="9">收款员：刘丽</td></tr>
<tr><td colspan="3">上述款项照数收讫无误
收款单位财务专用章
领款人签章
（上海通用机械厂 2010.12.16 现金收讫 (01)）</td><td>会计主管</td><td colspan="5">出纳</td><td colspan="4">交款人</td></tr>
</table>

70—2

现金存款凭证（回单）

交款日期：2010 年 12 月 16 日　　　　第______号

<table>
<tr><td colspan="3">款项来源</td><td colspan="3">向个人借款</td><td colspan="3">收款单位名称</td><td>上海通用机械厂</td></tr>
<tr><td colspan="3">现金计划项目</td><td colspan="3"></td><td colspan="3">收款单位账户</td><td>11305397069</td></tr>
<tr><td colspan="3"></td><td colspan="3"></td><td colspan="3">收款单位开户行</td><td>工行上海浦东支行</td></tr>
<tr><td colspan="7">人民币（大写） 拾万元整
（中国工商银行上海市浦东支行 2010.12.16 转讫）</td><td colspan="3">十 万 千 百 十 元 角 分
1 0 0 0 0 0 0 0</td></tr>
<tr><td>券别</td><td>张数</td><td>金额</td><td>券别</td><td>张数</td><td>金额</td><td>券别</td><td>张数</td><td>金额</td><td rowspan="5">上列款项收讫无误

收款员</td></tr>
<tr><td>壹佰元</td><td>1 000</td><td></td><td>壹元</td><td></td><td></td><td>壹角</td><td></td><td></td></tr>
<tr><td>伍拾元</td><td></td><td></td><td>五角</td><td></td><td></td><td></td><td></td><td></td></tr>
<tr><td>拾元</td><td></td><td></td><td></td><td></td><td></td><td></td><td></td><td></td></tr>
<tr><td>伍元</td><td></td><td></td><td></td><td></td><td></td><td></td><td></td><td></td></tr>
</table>

71—1

上海市增值税专用发票

记　账　联

NO.15006

开票日期:2010 年 12 月 18 日

<table>
<tr><td rowspan="2">购货单位</td><td>名　称</td><td colspan="3">上海市农机公司</td><td colspan="9">纳税人登记号</td><td colspan="10">54961153068</td></tr>
<tr><td>地址、电话</td><td colspan="3">上海市黄埔路 85 号</td><td colspan="9">开户银行及账号</td><td colspan="10">中行上海黄埔分理处 77365228</td></tr>
<tr><td colspan="2" rowspan="2">货物及应税劳务名称</td><td rowspan="2">单位</td><td rowspan="2">数量</td><td rowspan="2">单价</td><td colspan="9">金　额</td><td rowspan="2">税率</td><td colspan="9">税额</td></tr>
<tr><td>百</td><td>十</td><td>万</td><td>千</td><td>百</td><td>十</td><td>元</td><td>角</td><td>分</td><td>百</td><td>十</td><td>万</td><td>千</td><td>百</td><td>十</td><td>元</td><td>角</td><td>分</td></tr>
<tr><td colspan="2">C 材料</td><td>千克</td><td>1 000</td><td>18</td><td></td><td></td><td>1</td><td>8</td><td>0</td><td>0</td><td>0</td><td>0</td><td>0</td><td>17%</td><td></td><td></td><td></td><td>3</td><td>0</td><td>6</td><td>0</td><td>0</td><td>0</td></tr>
<tr><td colspan="2"></td><td></td><td></td><td></td><td></td><td></td><td></td><td></td><td></td><td></td><td></td><td></td><td></td><td></td><td></td><td></td><td></td><td></td><td></td><td></td><td></td><td></td><td></td></tr>
<tr><td colspan="2"></td><td></td><td></td><td></td><td></td><td></td><td></td><td></td><td></td><td></td><td></td><td></td><td></td><td></td><td></td><td></td><td></td><td></td><td></td><td></td><td></td><td></td><td></td></tr>
<tr><td colspan="2">合　计</td><td></td><td>1 000</td><td></td><td></td><td>¥</td><td>1</td><td>8</td><td>0</td><td>0</td><td>0</td><td>0</td><td>0</td><td></td><td></td><td></td><td>¥</td><td>3</td><td>0</td><td>6</td><td>0</td><td>0</td><td>0</td></tr>
<tr><td colspan="2">价税合计(大写)</td><td colspan="12">×拾贰万壹仟零陆拾元整</td><td colspan="10">(小写)¥21 060.00</td></tr>
<tr><td rowspan="2">销货单位</td><td>名称</td><td colspan="3">上海通用机械厂</td><td colspan="9">税务登记号</td><td colspan="10">8506832101</td></tr>
<tr><td>地址、电话</td><td colspan="3">上海市浦东区向阳路 8 号</td><td colspan="9">开户银行及账号</td><td colspan="10">工行浦东支行 11305397069</td></tr>
</table>

销售单位:(章)　　收款人:刘娟　　复核:高芳　　开票人:李静

第四联:记账联　售货方记账凭证

71—2

中国工商银行**进账单**(收款通知)　3

2010 年 12 月 18 日　　NO. 9830069 号

<table>
<tr><td rowspan="3">出票人</td><td>全　称</td><td>上海市农机公司</td><td rowspan="3">收款人</td><td>全　称</td><td colspan="11">上海通用机械厂</td></tr>
<tr><td>账　号</td><td>77365228</td><td>账　号</td><td colspan="11">11305397069</td></tr>
<tr><td>开户银行</td><td>中行上海黄埔分理处</td><td>开户银行</td><td colspan="11">工行上海浦东支行</td></tr>
<tr><td rowspan="2">金额</td><td colspan="4" rowspan="2">人民币
(大写) 贰万壹仟零陆元整</td><td>亿</td><td>千</td><td>百</td><td>十</td><td>万</td><td>千</td><td>百</td><td>十</td><td>元</td><td>角</td><td>分</td></tr>
<tr><td></td><td></td><td></td><td>¥</td><td>2</td><td>1</td><td>0</td><td>6</td><td>0</td><td>0</td><td>0</td></tr>
<tr><td colspan="2">票据种类</td><td>转账支票</td><td colspan="13" rowspan="3">中国工商银行上海市浦东支行
2010.12.18
转讫
收款人开户行盖章</td></tr>
<tr><td colspan="2">票据张数</td><td>1</td></tr>
<tr><td colspan="3">预收销货款
复核　　记账</td></tr>
</table>

此联是收款人开户银行交给收款人的收账通知

72—1

职工困难补助申请单(代现金收据)

2010 年 12 月 18 日

申请人	刘英	所在部门	装配车间	申请理由
申请金额	1 200.00			家庭困难
分工会意见	情况属实	厂工会意见	同意分工会意见	

73—1

上海市增值税专用发票

记　账　联

NO.15008

开票日期:2010 年 12 月 18 日

购货单位	名　称	长春五金公司	纳税人登记号	92838571
	地址、电话	长春市大桥南路 28 号	开户银行及账号	工行长春大桥南分理处 81927365

货物及应税劳务名称	单位	数量	单价	金额 百	十	万	千	百	十	元	角	分	税率	税额 百	十	万	千	百	十	元	角	分
甲产品	台	2 400	360		8	6	4	0	0	0	0	0	17%		1	4	6	8	8	0	0	0
合　计		2 400		¥	8	6	4	0	0	0	0	0		¥	1	4	6	8	8	0	0	0

价税合计(大写)	×仟壹佰零壹万零捌佰捌拾元整		(小写)¥1 010 880.00	
销货单位	名称	上海通用机械厂	税务登记号	8506832101
	地址、电话	上海市浦东区向阳路 8 号	开户银行及账号	工行上海浦东支行 11305397069

销售单位:(章)　　收款人:刘娲　　复核:高芳　　开票人:李静

第四联:记账联　售货方记账凭证

73—2

货物运输业增值税发票

发 票 联

NO.008309

开票日期:2012 年 12 月 18 日

购货单位或实际受票方	名　　　称:长春五金公司 纳税人识别号:8506832101 地 址 、电 话:长春市大桥南路 28 号 开户行及账号:工行长春大桥南分理处 81927365				密码区		
货物及应税劳务名称	规格型号	单位	数量	单价	金额	税率	税额
甲产品运费			14		5 405.41	11%	594.59
价税合计(大写)	陆仟元整				(小写)¥6000.00		
开票单位	名　　　称:中国铁路总公司上海分公司 纳税人识别号:265-566-987 地 址 、电 话:上海市霞飞路 12 号(21581581) 开户行及账号:农行上海市霞飞分理处 421-658-691				备　注		

第一联:发票联 购货方记账凭证

收款人:张一德　　复核:米星　　开票人:刘莹　　开票单位:中国铁路总公司上海分公司

73—3

中国工商银行

转账支票存根

XIV223565

附加信息:
出票日期:2010 年 12 月 18 日
收 款 人:上海市铁路货运站
金　　额:¥6 000.00
用　　途:垫运费
单位主管:　　　　会计:

73—4

中国工商银行　托收承付凭证(回单)　1

委托日期　2010年12月18日

<table>
<tr><td rowspan="3">付款人</td><td>全　称</td><td>长春五金公司</td><td rowspan="3">收款人</td><td>全　称</td><td colspan="3">上海通用机械厂</td></tr>
<tr><td>账　号
或住址</td><td>81927365</td><td>账号或住址</td><td colspan="3">11305397069</td></tr>
<tr><td>开　户
银　行</td><td>工行长春大桥南路分理处</td><td>开户银行</td><td>工行上海浦东支行</td><td>行号</td><td>800</td></tr>
<tr><td>托收
金额</td><td colspan="4">人民币
(大写)壹佰零壹万陆仟捌佰捌拾元整</td><td colspan="3">亿 千 百 十 万 千 百 十 元 角 分
¥ 1 0 1 6 8 8 0 0 0</td></tr>
<tr><td colspan="2">附　件</td><td colspan="3">商品发运情况</td><td colspan="3">合同名称号码</td></tr>
<tr><td>附寄单
证张数
或册数</td><td>3</td><td colspan="3">货已发出</td><td colspan="3">购销合同0034号</td></tr>
<tr><td colspan="2">备注：</td><td colspan="3">款项收妥日期

年　月　日</td><td colspan="3">开户银行盖章　年　月　日</td></tr>
</table>

此联是收款人开户行给收款人的回单

(印章：中国工商银行上海市浦东支行 2010.12.18 转讫)

74—1

差旅费报销单

2010年12月18日

<table>
<tr><td colspan="2">部门名称</td><td colspan="2">办公室</td><td colspan="2">姓　名</td><td>王军</td></tr>
<tr><td colspan="2">出差事由</td><td colspan="2">考察</td><td colspan="3" rowspan="2">出差日期自2010年12月9日
至2010年12月17日　共8天</td></tr>
<tr><td colspan="2">地　点</td><td colspan="2">杭州</td></tr>
<tr><td colspan="3">交　通　工　具</td><td rowspan="2">卧补</td><td rowspan="2">住宿费</td><td rowspan="2">伙食费</td><td rowspan="2">其他</td></tr>
<tr><td>飞机</td><td>火车</td><td>汽车</td></tr>
<tr><td>4 400</td><td></td><td>400</td><td></td><td>200</td><td></td><td>400</td></tr>
<tr><td>报销总额</td><td colspan="6">人民币(大写)伍仟肆佰元整　　　¥5 400.00</td></tr>
<tr><td rowspan="2">预借差旅费</td><td colspan="3" rowspan="2">¥6 000.00</td><td colspan="2">补领金额</td><td></td></tr>
<tr><td colspan="2">退还金额</td><td>¥600.00</td></tr>
<tr><td>备注：</td><td colspan="6">后附原始单据</td></tr>
</table>

74－2

上海市专用收款收据

2010 年 12 月 18 日

付款单位（交款人）	王军	收款单位（领款人）	上海通用机械厂	收款项目					借款			
金额（大写）	陆佰元整			百	十	万	千	百	十	元	角	分
							¥	6	0	0	0	0
收款事由	王刚退回出差余款	结算方式	现金结算	收款员：刘丽								
上述款项照数收讫无误 收款单位财务专用章 领款人签章		会计主管		出纳					交款人			

75－1

中国工商银行

转账支票存根

XIV223563

附加信息：

出票日期：2010 年 12 月 19 日

收　款　人：上海市第五建筑公司

金　　额：¥400 000.00

用　　途：工程款

单位主管：　　　　会计：

75－2

工程价款结算单

单位：上海通用机械厂　　　　2010 年 12 月 19 日　　　　单位：元

工程名称	本期应收工程款	预付工程款	本期实收	本期已收工程款累计
扩建办公楼	1 040 000	640 000	400 000	1 040 000.00
合　　计	1 040 000	640 000	400 000	1 040 000.00

76－1

固定资产竣工交接单

单位：上海通用机械厂　　　　2010 年 12 月 19 日　　　　单位：元

承建单位	工程建筑公司	使用单位	上海通用机械厂		
工程名称	原始价值	已提折旧	预计使用年限	净值	安装成本
扩建办公楼	1 040 000		50 年		
	竣工日期				
	2010 年 12 月 19 日				

77—1

欠款核销申请

经过联系确认哈尔滨亚麻厂现已破产，本厂原欠其材料尾款计 1 006 800 元已无需偿还，特申请转入营业外收入。

同意　　　　　　　　　　　　　　　　　　财务处长

2010 年 12 月 19 日　　　　　　　　　　　2010 年 12 月 19 日

（印章：上海通用机械厂）

78—1

有价证券代保管单

客户名称：上海通用机械厂　　　　2010 年 12 月 19 日　　　　No. 524845

项　目	起止期	金　额										备注
		张数		百	十	万	千	百	十	元	角	分	
国库券	2010.12.19～2011.6.19				2	0	0	0	0	0	0	0	
合 计				¥	2	0	0	0	0	0	0	0	
人民币：贰拾万元整				¥200 000.00									

（印章：上海市证券公司 财务专用章）

78—2

中国工商银行 **转账支票存根** **XIV223564**
附加信息：
出票日期：2010 年 12 月 19 日
收 款 人：上海市证券公司
金　　额：¥200 000.00
用　　途：买国库券
单位主管：　　　　会计：

（印章：之印）

79—1

固定资产捐赠交接单

2010 年 12 月 19 日

捐赠单位:上海通用机械厂

接收单位:前进乡企业办

名称编号	规格序号	单位	数量	预计使用年限	已使用年限	原值	已提折旧	净值
sw-8 台		台	1	10	2	16 920	920	16 000
捐赠原因		扶持乡镇企业						
捐赠单位签章					接受单位签章			
经办人					经办人			

制单:陈剑

80—1

工商银行　收费凭证

客户名称:上海通用机械厂　　2010 年 12 月 19 日　　No. 524849

项　目	手续费	邮电费	笔数	万	千	百	十	元	角	分	备注
付手续费			1			1	6	0	0	0	
合　计					¥	1	6	0	0	0	
人民币:壹佰陆拾元整											

（表头"万"至"分"各栏合称"金额"。）

银行签章:　　复核人:张啸林

81—1

贴现凭证(收账通知)

填写日期　贰零壹零年壹拾贰月壹拾玖日　　第 6878 号

申请人			贴现汇票		
全称	上海通用机械厂		种类	银行承兑汇票	号码
开户行	工行上海浦东支行		发票日	2010 年 12 月 15 日	
账号	11305397069		到期日	2011 年 3 月 20 日	
汇票承兑人	名称	上海机电设备有限公司	账号 55368228	开户行	工行上海中山支行

汇票到期金额	人民币(大写) 肆拾万元整	千	百	十	万	千	百	十	元	角	分
			¥	4	0	0	0	0	0	0	0

年贴现率	4.8%	贴现息	千	百	十	万	千	百	十	元	角	分	贴现净额	亿	千	百	十	万	千	百	十	元	角	分
						¥	6	4	0	0	0	0				¥	3	9	3	6	0	0	0	0

本汇票已经承兑,到期无条件支付票款 承兑人签章 承兑日期 2010 年 12 月 15 日	上述款项已入你单位账户 银行签章

此联是持票人开户行寄付款人开户行作借方凭证

82－1

江苏省增值税专用发票

发 票 联

NO.521612

开票日期：2010 年 12 月 19 日

购货单位	名 称	上海通用机械厂	纳税人登记号	8506832101
	地址、电话	上海市浦东区向阳路 8 号	开户银行及账号	工行上海浦东支行 11305397069

货物及应税劳务名称	单位	数量	单价	金额									税率	税额								
				百	十	万	千	百	十	元	角	分		百	十	万	千	百	十	元	角	分
锅炉	台	1	80 000			8	0	0	0	0	0	0	17%			1	3	6	0	0	0	0
合 计					¥	8	0	0	0	0	0	0			¥	1	3	6	0	0	0	0
价税合计（大写）	×佰×拾玖万叁仟陆佰元整													（小写）¥93 600.00								

销货单位	名称	徐州锅炉厂	税务登记号	12285732
	地址、电话	徐州市北环路 39 号	开户银行及账号	建行徐州北环支行 23132856

销售单位：（章）　　收款人：周军　　复核：王强　　开票人：刘元生

第二联：发票联 购货方记账凭证

82－2

江苏省增值税专用发票

抵 扣 联

NO.521612

开票日期：2010 年 12 月 19 日

购货单位	名 称	上海通用机械厂	纳税人登记号	8506832101
	地址、电话	上海市浦东区向阳路 8 号	开户银行及账号	工行上海浦东支行 11305397069

货物及应税劳务名称	单位	数量	单价	金额									税率	税额								
				百	十	万	千	百	十	元	角	分		百	十	万	千	百	十	元	角	分
锅炉	台	1	80 000			8	0	0	0	0	0	0	17%			1	3	6	0	0	0	0
合 计					¥	8	0	0	0	0	0	0			¥	1	3	6	0	0	0	0
价税合计（大写）	×佰×拾玖万叁仟陆佰元整													（小写）¥93 600.00								

销货单位	名称	徐州锅炉厂	税务登记号	12285732
	地址、电话	徐州市北环路 39 号	开户银行及账号	建行徐州北环支行 23132856

销售单位：（章）　　收款人：周军　　复核：王强　　开票人：刘元生

第三联：抵扣联 购货方扣税凭证

82—3

中国工商银行 电汇凭证(付账通知)

委托日期 2010 年 12 月 19 日　　　　NO.008332

<table>
<tr><td rowspan="3">汇款人</td><td>全称</td><td colspan="3">上海通用机械厂</td><td rowspan="3">收款人</td><td>全称</td><td colspan="3">徐州锅炉厂</td></tr>
<tr><td>账号或住址</td><td colspan="3">11305397069</td><td>账号或住址</td><td colspan="3">23132856</td></tr>
<tr><td>汇出地点</td><td>上海市 县</td><td>汇出行名称</td><td>工行上海浦东支行</td><td>汇出地点</td><td>江苏省徐州市 县</td><td>汇入行名称</td><td>建行徐州北环支行</td></tr>
<tr><td>金额</td><td colspan="8">人民币(大写)玖万叁仟陆佰元整　　亿 千 百 十 万 千 百 十 元 角 分：¥ 9 3 6 0 0 0 0</td><td></td></tr>
<tr><td colspan="10">汇款用途:付锅炉款</td></tr>
<tr><td colspan="5">上列款项已根据委托办理,如需查询,请持回单来行面洽
单位主管　会计　复核　记账</td><td colspan="5">汇出行盖章
年　月　日</td></tr>
</table>

(印章:中国工商银行上海市浦东支行 2010.12.19 转讫)

此联是汇出行交给汇款人的付账通知

82—4

出 库 单

2010 年 12 月 19 日

领料单位:

用　途:基建

材料类别	材料名称	单位	数量		单价	金额	备注
			请领	实领			
原材料	A 材料	千克	6 000	6 000	24.73	148 380	
合计			6 000	6 000		148 380	

第二联:记账联

82—5

中国工商银行
转账支票存根
XIV223566

附加信息:

出票日期:2010 年 12 月 19 日

收 款 人:上海市机电安装公司

金　　额:¥6 179.24

用　　途:支付安装费

单位主管:　　　会计:

(印章:之印)

82—6

加工修理业专用发票

发　票　联

密码

发票号 NO.10654387

税务登记号:10 3462256

收款单位:上海市机电安装公司

付款单位(个人):上海通用机械厂

经营项目	金额
设备修理	6 179.24
金额合计(人民币大写)陆仟壹佰柒拾玖元贰角肆分	
机打票号:4452356	税控装置号:7883456
税控防伪码:6EEC507788965AW	开票日期:2010 年 12 月 19 日

收款单位(盖章有效)

82—7

固定资产验收交接单

2010 年 12 月 19 日

名称编号	规格序号	单位	数量	预计使用年限	已使用年限	原始入账价值	辅助费用	制造日期
锅炉		台	1	10	10	259 783.84		
资产来源		自筹资金						
制造单位				估计残值		8 200		
使用部门		铸造车间		折旧率		0.81%		

制单:陈剑

83—1

上海市专用收款收据

2010 年 12 月 19 日

付款单位(交款人)	上海通用机械厂	收款单位(领款人)	上海太平洋保险公司	收款项目	保险费
金额(大写)	贰万元整			百 十 万 千 百 十 元 角 分	2 0 0 0 0 0 0
收款事由	车辆保险	结算方式	支票结算	收款员:刘军	
上述款项照数收讫无误 收款单位财务专用章 领款人签章		会计主管		出纳	交款人

转账收讫 2010.12.19 (01)

83－2

中国工商银行 **转账支票存根** **XIV223567**
附加信息：
出票日期：2010 年 12 月 19 日
收 款 人：上海太平洋保险公司
金　　额：￥20 000
用　　途：支付保险费
单位主管：　　　　会计：

84－1

财产融资租赁合同

租赁财产名称：进口铣床

质量与用途：生产使用

租赁期限：3 年

出租方从 2010 年 12 月 19 日起将租赁财产交付承租方使用至 2013 年 12 月 19 日

财产租赁总额和月租金缴纳期限：

1. 财产租赁总额：300 000

2. 手续费：

3. 利息：年利率 0.98%

4. 每半年租金：50 000.00，每月 10 日前承租方将租金划入出租方的账户

承租方：　　　　　　　　　　出租方：

2010 年 12 月 19 日

84－2

中国工商银行 **转账支票存根** **XIV223568**
附加信息：
出票日期：2010 年 12 月 19 日
收 款 人：上海市宏昌融资公司
金　　额：￥50 000
用　　途：支付租赁费
单位主管：　　　　会计：

84—3

上海市专用收款收据

2010 年 12 月 19 日

<table>
<tr><td>付款单位（交款人）</td><td>上海通用机械厂</td><td>收款单位（领款人）</td><td>上海市宏昌融资公司</td><td colspan="5">收款项目</td><td colspan="4">租赁设备款</td></tr>
<tr><td rowspan="2">金额(大写)</td><td colspan="3" rowspan="2">伍万元整</td><td>百</td><td>十</td><td>万</td><td>千</td><td>百</td><td>十</td><td>元</td><td>角</td><td>分</td></tr>
<tr><td></td><td>¥</td><td>5</td><td>0</td><td>0</td><td>0</td><td>0</td><td>0</td><td>0</td></tr>
<tr><td>收款事由</td><td>设备租赁款</td><td>结算方式</td><td>支票结算</td><td colspan="9">收款员:刘军</td></tr>
<tr><td colspan="3">上述款项照数收讫无误
收款单位财务专用章
领款人签章</td><td>会计主管</td><td colspan="5">出纳</td><td colspan="4">交款人</td></tr>
</table>

（印章：上海市宏昌融资公司 财务专用章）

85—1

中国工商银行
现金支票存根
XIV268832

附加信息：

出票日期：2010 年 12 月 19 日
收 款 人：上海通用机械厂
金　　额：¥450 000.00
用　　途：备发工资
单位主管：　　　　会计：

（印章：之印）

86—1

工 资 发 放 表（简表）

2010 年 12 月 19 日　　　　单位：元

部门 \ 项目		应付工资	代扣款项	实发工资
铸造车间	生产工人	112 000	7 000	105 000
	管理人员	16 000	1 000	15 000
加工车间	生产工人	88 000	5 500	82 500
	管理人员	24 000	1 500	22 500
装配车间	生产工人	80 000	5 000	75 000
	管理人员	16 000	1 000	15 000
机修车间		32 000	2 000	30 000
供电车间		28 800	1 800	27 000
管理部门		75 200	4 700	70 500
独立销售机构		8 000	500	7 500
合　计		480 000	30 000	450 000

87—1

上海市专用收款收据

2010 年 12 月 19 日

付款单位（交款人）	上海博时集团	收款单位（领款人）	上海通用机械厂	收款项目					借款			
金额(大写)	肆拾万元整			百	十	万	千	百	十	元	角	分
				¥	4	0	0	0	0	0	0	0
收款事由	借款	结算方式	支票结算	收款员:刘红								
上述款项照数收讫无误 收款单位财务专用章 领款人签章			会计主管	出纳					交款人			

87—2

中国工商银行进账单（收款通知） 3

2010 年 12 月 19 日　　NO. 9830270 号

出票人	全　称	上海博时集团	收款人	全　称	上海通用机械厂										
	账　号	758-57-324-937		账　号	11305397069										
	开户银行	工行上海中安路分理处		开户银行	工行上海浦东支行										
金额	人民币（大写）肆拾万元整				亿	千	百	十	万	千	百	十	元	角	分
							¥	4	0	0	0	6	0	0	0
票据种类	转账支票														
票据张数	1														
复核　　记账			收款人开户行盖章												

此联是收款人开户银行交给收款人的收账通知

88—1

吉林省增值税专用发票

发　票　联

NO.521612002

开票日期:2010 年 12 月 19 日

购货单位	名　称	上海通用机械厂			纳税人登记号									8506832101									
	地址、电话	上海市浦东区向阳路 8 号			开户银行及账号									工行上海浦东支行 11305397069									
货物及应税劳务名称		单位	数量	单价	金　额									税率	税额								
					百	十	万	千	百	十	元	角	分		百	十	万	千	百	十	元	角	分
A 材料		千克	13 440	23.81		3	2	0	0	0	0	0	0	17%			5	4	4	0	0	0	0
合　计					¥	3	2	0	0	0	0	0	0			¥	5	4	4	0	0	0	0
价税合计(大写)		×佰叁拾柒万肆仟肆佰元整												(小写)¥374 400.00									
销货单位	名称	长春轴研科技公司			税务登记号									12873200									
	地址、电话	长春市长兴路 32 号			开户银行及账号									建行长春长兴路分理处 23132856									

销售单位:(章)　　收款人:赵军　　复核:钱玉强　　开票人:孙元生

第二联：发票联　购货方记账凭证

88—2

吉林省增值税专用发票

抵　扣　联

NO.52161200

开票日期:2010 年 12 月 19 日

购货单位	名　称	上海通用机械厂	纳税人登记号	8506832101
	地址、电话	上海市浦东区向阳路 8 号	开户银行及账号	工行上海浦东支行 11305397069

货物及应税劳务名称	单位	数量	单价	金额 百	十	万	千	百	十	元	角	分	税率	税额 百	十	万	千	百	十	元	角	分
A 材料	千克	13 440	23.81		3	2	0	0	0	0	0	0	17%			5	4	4	0	0	0	0
合　计				¥	3	2	0	0	0	0	0	0			¥	5	4	4	0	0	0	0
价税合计(大写)	×佰叁拾柒万肆仟肆佰元整													(小写)¥374 400.00								

销货单位	名称	长春轴研科技公司	税务登记号	12873200
	地址、电话	长春市长兴路 32 号	开户银行及账号	建行长春长兴路分理处 23132856

销售单位:(章)　　收款人:赵军　　复核:钱玉强　　开票人:孙元生

第三联：抵扣联　购货方扣税凭证

88—3

货物运输业增值税发票

发　票　联

NO.808108

开票日期:2012 年 12 月 19 日

购货单位或实际受票方	名　　称:上海通用机械厂 纳税人识别号:8506832101 地 址 、电 话:上海市浦东区向阳路 8 号 开户行及账号:工行浦东支行 11305397069	密码区	

货物及应税劳务名称	规格型号	单位	数量	单价	金额	税率	税额
A 材料运费			21		3 000	11%	330
价税合计(大写)	叁仟叁佰叁拾元整						(小写)¥3330.00
托运人	长春轴研科技公司						
开票单位	名　　称:中国铁路总公司长春分公司 纳税人识别号:265-566-987 地 址 、电 话:长春市文化路 12 号(88581585) 开户行及账号:建行长春市文化分理处 421-658-695				备　注		

收款人:任平　　复核:马旺　　开票人:吉军　　开票单位:中国铁路总公司长春分公司

第一联：发票联　购货方记账凭证

88－4

货物运输业增值税发票

抵　扣　联

NO.808108

开票日期:2012年12月19日

<table>
<tr><td>购货单位或
实际受票方</td><td colspan="4">名　　　称:上海通用机械厂
纳税人识别号:8506832101
地 址 、电 话:上海市浦东区向阳路8号
开户行及账号:工行浦东支行 11305397069</td><td>密码区</td><td colspan="2"></td></tr>
<tr><td>货物及应税劳务名称</td><td>规格型号</td><td>单位</td><td>数量</td><td>单价</td><td>金额</td><td>税率</td><td>税额</td></tr>
<tr><td>A材料运费</td><td></td><td></td><td>21</td><td></td><td>3 000</td><td>11%</td><td>330</td></tr>
<tr><td>价税合计(大写)</td><td colspan="7">叁仟叁佰叁拾元整　　　　(小写)¥3330.00</td></tr>
<tr><td>托运人</td><td colspan="7">长春轴研科技公司</td></tr>
<tr><td>开票单位</td><td colspan="4">名　　　称:中国铁路总公司长春分公司
纳税人识别号:265-566-987
地 址 、电 话:长春市文化路12号(88581585)
开户行及账号:建行长春市文化分理处
421-658-695</td><td>备　注</td><td colspan="2"></td></tr>
</table>

收款人:任平　　复核:马旺　　开票人:吉军　　开票单位:中国铁路总公司长春分公司

第二联：抵扣联　购货方记账凭证

88－5

入　库　单

单位：仓库　　　　2010年12月19日

材料类别	材料名称	单 位	数量	实收数量	单 价(元)	金 额(元)
原材料	A材料	千克	13 440			
合　计						

第二联：记账联

88－6

中国工商银行 电汇凭证（付账通知）

委托日期 2010年12月19日　　NO.008335

<table>
<tr><td rowspan="3">汇款人</td><td>全 称</td><td colspan="3">上海通用机械厂</td><td rowspan="3">收款人</td><td>全 称</td><td colspan="3">长春轴研科技公司</td></tr>
<tr><td>账 号
或住址</td><td colspan="3">11305397069</td><td>账 号
或住址</td><td colspan="3">23132856</td></tr>
<tr><td>汇 出
地 点</td><td>上海市
浦东区</td><td>汇出行
名 称</td><td>工行上海
浦东支行</td><td>汇 入
地 点</td><td>长春市
县</td><td>汇入行
名 称</td><td>建行长春长
兴路分理处</td></tr>
<tr><td>金额</td><td colspan="9">人民币
（大写）贰万伍仟柒佰叁拾元整
亿 千 百 十 万 千 百 十 元 角 分
¥ 2 5 7 3 0 0 0</td></tr>
<tr><td colspan="5">汇款用途：购料款</td><td colspan="5" rowspan="2">汇出行盖章 25730
年 月 日</td></tr>
<tr><td colspan="5">上列款项已根据委托办理，如需查询，请持回单来行面洽
单位主管　会计　复核　记账</td></tr>
</table>

（印章：中国工商银行上海市浦东支行 2010.12.19 转讫）

此联是汇出行交给汇款人的付账通知

89－1

证券卖出委托书

委托单位：上海通用机械厂　　2010年12月19日　　单位：元

债券编号	15642613				
债券名称	企业债券	卖出数量	20 000张		
委托价	960 000	购入日期	2008年12月20日	地址	
成交价	960 000	购入价格	800 000	电话	

89—2

中国工商银行进账单(收款通知)　3

2010 年 12 月 19 日　　NO. 9830271 号

<table>
<tr><td rowspan="3">出票人</td><td>全　称</td><td>上海市证券公司</td><td rowspan="3">收款人</td><td>全　称</td><td colspan="11">上海通用机械厂</td></tr>
<tr><td>账　号</td><td>752-59-624-827</td><td>账　号</td><td colspan="11">11305397069</td></tr>
<tr><td>开户银行</td><td>工行长安路分理处</td><td>开户银行</td><td colspan="11">工行上海浦东支行</td></tr>
<tr><td rowspan="2">金额</td><td colspan="4" rowspan="2">人民币
(大写)玖拾陆万元整</td><td>亿</td><td>千</td><td>百</td><td>十</td><td>万</td><td>千</td><td>百</td><td>十</td><td>元</td><td>角</td><td>分</td></tr>
<tr><td></td><td></td><td>¥</td><td>9</td><td>6</td><td>0</td><td>0</td><td>0</td><td>0</td><td>0</td><td>0</td></tr>
<tr><td>票据种类</td><td colspan="2">转账支票</td><td colspan="13" rowspan="3">中国工商银行上海市浦东支行
2010.12.19
转讫
收款人开户行盖章</td></tr>
<tr><td>票据张数</td><td colspan="2">1</td></tr>
<tr><td colspan="3">预收销货款
复核　　记账</td></tr>
</table>

此联是收款人开户银行交给收款人的收账通知

90—1

中国工商银行 **现金支票存根** **XIV268833**
附加信息：
出票日期：2010 年 12 月 20 日
收 款 人：上海通用机械厂
金　　额：¥600.00
用　　途：备用金
单位主管：　　会计：

之印

91—1

材料盘盈盘亏报告单

部门：材料仓库　　2010 年 12 月 21 日

<table>
<tr><td rowspan="2">编号</td><td rowspan="2">品名规格</td><td rowspan="2">单位</td><td rowspan="2">账面数量</td><td rowspan="2">实存数量</td><td colspan="2">盘盈</td><td colspan="2">盘亏</td><td rowspan="2">原因</td></tr>
<tr><td>数量</td><td>金额</td><td>数量</td><td>金额</td></tr>
<tr><td>C 材料</td><td></td><td>千克</td><td>9 900</td><td>9 500</td><td></td><td></td><td>400</td><td>5 616</td><td>计量不准</td></tr>
<tr><td></td><td></td><td></td><td></td><td></td><td></td><td></td><td></td><td></td><td></td></tr>
<tr><td></td><td></td><td>千克</td><td></td><td></td><td></td><td></td><td></td><td></td><td></td></tr>
<tr><td rowspan="2" colspan="2">处理意见</td><td colspan="2">保管部门</td><td colspan="3">清查小组</td><td colspan="3">审批部门</td></tr>
<tr><td colspan="2"></td><td colspan="3"></td><td colspan="3">物资科</td></tr>
</table>

92—1

上海市增值税专用发票

记　账　联

NO.150013

开票日期：2010 年 12 月 22 日

购货单位	名　称	上海市自行车厂	纳税人登记号	92838571225
	地址、电话	上海市江场东路 28 号	开户银行及账号	工行上海江场分理处 82028335

货物及应税劳务名称	单位	数量	单价	金额									税率	税额								
				百	十	万	千	百	十	元	角	分		百	十	万	千	百	十	元	角	分
甲产品	台	1 600	360		5	7	6	0	0	0	0	0	17%			9	7	9	2	0	0	0
合　计		1 600		¥	5	7	6	0	0	0	0	0			¥	9	7	9	2	0	0	0
价税合计（大写）	×佰陆拾柒万叁仟玖佰贰拾元整													（小写）¥673 920.00								

销货单位	名称	上海通用机械厂	税务登记号	8506832101
	地址、电话	上海市浦东区向阳路 8 号	开户银行及账号	工行上海浦东支行 11305397069

销售单位：（章）　　收款人：刘娟　　复核：高芳　　开票人：李静

第四联：记账联　售货方记账凭证

93—1

材料盘盈盘亏核销报告单

部门：材料仓库　　2010 年 12 月 22 日　　单位：元

编号	品名规格	单位	账面数量	实存数量	盘盈		盘亏		原因
					数量	金额	数量	金额	
C 材料		千克	9 900	9 500			400	5 616	计量不准
		千克							
处理意见	计入管理费用	保管部门		清查小组			审批部门		
				同意处理意见			物资科		

93－2

纳税人资产损失税前扣除申请表

企业名称：上海通用机械厂　　　　2010 年 12 月 22 日　　　　单位：元

品名	损失类型	损失数量	账面价值	残值金额	责任人赔偿	保险赔偿	计税扣除金额
C 材料	计量不准	400	5 616				
主管税务机关审核意见： 情况属实，同意税前扣除。 经办人：张力 科长：王江 2010 年 12 月 22 日							

法人代表：　　　　财务负责人　　　　联系电话

93－3

税前扣除审批表

企业名称：上海通用机械厂　　　　2010 年 12 月 22 日　　　　单位：元

利润总额			预计应纳税所得额			
扣除项目及审批表						
项目	本年已核销金额	审批扣除金额	纳税调整金额			备注
1.固定资产						
盘亏						
报废						
2.流动资产						
盘亏	5 616	5 616				
报废						
3.其他损失						
合计						
区地税局： 同意			市地税局： 2010 年 12 月 22 日			

94—1

中国工商银行 现金支票存根 XIV268834
附加信息：
出票日期：2010年12月22日
收 款 人：上海通用机械厂
金 额：¥3 742.00
用 途：备用金
单位主管： 会计：

95—1

上海市增值税专用发票

记 账 联

NO.15009

开票日期：2010年12月24日

<table>
<tr><td rowspan="2">购货单位</td><td>名 称</td><td colspan="5">上海电机厂</td><td colspan="9">纳税人登记号</td><td colspan="10">20386114058</td></tr>
<tr><td>地址、电话</td><td colspan="5">上海市红霞路17号</td><td colspan="9">开户银行及账号</td><td colspan="10">建行上海红霞支行 55836228</td></tr>
<tr><td colspan="2" rowspan="2">货物及应税劳务名称</td><td rowspan="2">单位</td><td rowspan="2">数量</td><td rowspan="2">单价</td><td colspan="9">金 额</td><td>税率</td><td colspan="9">税额</td></tr>
<tr><td>百</td><td>十</td><td>万</td><td>千</td><td>百</td><td>十</td><td>元</td><td>角</td><td>分</td><td></td><td>百</td><td>十</td><td>万</td><td>千</td><td>百</td><td>十</td><td>元</td><td>角</td><td>分</td></tr>
<tr><td colspan="2">乙产品</td><td>件</td><td>3 000</td><td>410</td><td>1</td><td>2</td><td>3</td><td>0</td><td>0</td><td>0</td><td>0</td><td>0</td><td>0</td><td>17%</td><td></td><td>2</td><td>0</td><td>9</td><td>1</td><td>0</td><td>0</td><td>0</td><td>0</td></tr>
<tr><td colspan="2"></td><td></td><td></td><td></td><td></td><td></td><td></td><td></td><td></td><td></td><td></td><td></td><td></td><td></td><td></td><td></td><td></td><td></td><td></td><td></td><td></td><td></td><td></td></tr>
<tr><td colspan="2"></td><td></td><td></td><td></td><td></td><td></td><td></td><td></td><td></td><td></td><td></td><td></td><td></td><td></td><td></td><td></td><td></td><td></td><td></td><td></td><td></td><td></td><td></td></tr>
<tr><td colspan="2">合 计</td><td></td><td>3 000</td><td></td><td>1</td><td>2</td><td>3</td><td>0</td><td>0</td><td>0</td><td>0</td><td>0</td><td>0</td><td></td><td>¥</td><td>2</td><td>0</td><td>9</td><td>1</td><td>0</td><td>0</td><td>0</td><td>0</td></tr>
<tr><td colspan="2">价税合计(大写)</td><td colspan="13">×仟壹佰肆拾叁万玖仟壹佰元整</td><td colspan="10">(小写)¥1 439 100.00</td></tr>
<tr><td rowspan="2">销货单位</td><td>名称</td><td colspan="5">上海通用机械厂</td><td colspan="9">税务登记号</td><td colspan="10">8506832101</td></tr>
<tr><td>地址、电话</td><td colspan="5">上海市浦东区
向阳路8号</td><td colspan="9">开户银行及账号</td><td colspan="10">工行上海浦东支行 11305397069</td></tr>
</table>

第四联：记账联 售货方记账凭证

销售单位：(章) 收款人：刘娟 复核：高芳 开票人：李静

95—2

中国工商银行进账单(收款通知)　3

2010 年 12 月 24 日　　　　NO. 9830272

出票人			收款人		
全　称	上海市电机厂		全　称	上海通用机械厂	
账　号	752-59-827-624		账　号	11305397069	
开户银行	建行上海红霞路分理处		开户银行	工行上海浦东支行	

金额	人民币(大写)壹佰肆拾叁万玖仟壹佰元整	亿	千	百	十	万	千	百	十	元	角	分
			¥	1	4	3	9	1	0	0	0	0

票据种类	转账支票	收款人开户行盖章
票据张数	1	
预收销货款		
复核	记账	

中国工商银行上海市浦东支行 2010.12.24 转讫

此联是收款人开户银行交给收款人的收账通知

96—1

坏账损失确认及核销表

2010 年 12 月 24 日

应收三环传动设备厂的货款 6 000 元,已逾期三年无法收回,经批准列为坏账损失。

厂长:王贵山　　　　财务处长:高芳

97—1

加工修理业专用发票

全国统一发票监制 上海 国家税务局监制

发　票　联

密码

税务登记号:103546982　　　　发票号 NO. 71037654

收款单位:上海市车床修理厂

付款单位(个人):上海通用机械厂

经营项目	金额
委托加工铸件	58 500.00
金额合计(人民币大写)伍万捌仟伍佰元整	
机打票号:2349656	
税控防伪码:6EEC507788965AW	税控装置号:3451882
	开票日期:2010 年 12 月 24 日

上海市车床修理厂 财务专用章

收款单位(盖章有效)

97—2

中国工商银行
转账支票存根
XIV223568

附加信息：

出票日期：2010 年 12 月 24 日
收 款 人：上海市车床修理厂
金　　额：￥58 500.00
用　　途：支付加工费
单位主管：　　　　会计：

之印

98—1

资产折旧计算表

2010 年 12 月 25 日　　　　单位：元

资产类别 / 部门	房屋月折旧率 0.35%	机器设备月折旧率 0.7%	其他资产月折旧额
铸造车间	5 600	9 100	8 700
加工车间	5 320	8 400	8 160
装配车间	3 500	5 600	5 400
机修车间	1 400	1 680	1 920
供电车间	1 400	2 100	2 100
企业管理部门	19 600		21 000
出租固定资产		644	276
合　计	36 820	27 524	47 556

会计主管：　　　　复核：　　　　制表：

99—1

低值易耗品发出汇总表

2010 年 12 月 25 日　　　　单位：元

类别 / 部门	办公桌椅	工作服	手套
铸造车间			
加工车间			
装配车间			
机修车间			
供电车间			
企业管理部门			
合　计			

会计主管：　　　　复核：　　　　制表：

99—2

出 库 单

2010 年 12 月 15 日

单位:铸造车间

材料类别	材料名称	单 位	单价(元)	数量	金 额(元)	备注
低值易耗品	办公桌椅	套	1 000	4		
	工作服	套	20	100		
	手套	付	0.5	200		

第二联:记账联

99—3

出 库 单

2010 年 12 月 15 日

单位:加工车间

材料类别	材料名称	单 位	单价(元)	数量	金 额(元)	备注
低值易耗品	办公桌椅	套	1 000	4		
	工作服	套	20	64		
	手套	付	0.5	200		

第二联:记账联

99—4

出 库 单

2010 年 12 月 15 日

单位:装配车间

材料类别	材料名称	单 位	单价(元)	数量	金 额(元)	备注
低值易耗品	办公桌	套	1 000	4		
	工作服	套	20	80		
	手套	付	0.5	200		

第二联:记账联

99—5

出 库 单

2010 年 12 月 15 日

单位:机修车间

材料类别	材料名称	单 位	单价(元)	数量	金 额(元)	备注
低值易耗品	办公桌椅	套	1 000	2		
	工作服	套	20	20		
	手套	付	0.5	60		

第二联:记账联

99－6

出　库　单

2010年12月15日

单位：供电车间

材料类别	材料名称	单　位	单价(元)	数量	金　额(元)	备注
低值易耗品	办公桌椅	套	1 000	2		
	工作服	套	20	16		
	手套	付	0.5	60		

第二联：记账联

99－7

出　库　单

2010年12月15日

单位：企业管理部门

材料类别	材料名称	单　位	单价(元)	数量	金　额(元)	备注
低值易耗品	办公桌椅	套	1 000	20		

第二联：记账联

100－1

低值易耗品摊销计算表

2010年12月25日　　　　单位：元

类别 部门	办公桌椅 摊销期 16 个月	工作服 摊销期 5 个月
铸造车间		
加工车间		
装配车间		
机修车间		
供电车间		
企业管理部门		
合　计		

会计主管：　　　　复核：　　　　制表：

101—1

原材料发出汇总表

2010 年 12 月 26 日

类别 部门	A 材料		B 材料		C 材料		合计
	数量（千克）	金额（元）	数量（千克）	金额（元）	数量（千克）	金额（元）	
甲产品							
乙产品							
铸造车间							
加工车间							
装配车间							
机修车间							
供电车间							
企业管理部门							
建筑部门							
销售材料							

101—2

出　库　单

2010 年 12 月 2 日

单位:甲产品

材料类别	材料名称	单　位	单价(元)	数量	金　额(元)	备注
原材料	A 材料	千克		4 000		
	B 材料	千克		1 600		
	C 材料	千克		17 000		

第二联：记账联

负责人:　　　　　　　　　　　　经手人:

101—3

出　库　单

2010 年 12 月 3 日

单位:乙产品

材料类别	材料名称	单　位	单价(元)	数量	金　额(元)	备注
原材料	A 材料	千克		4 800		
	B 材料	千克		1 500		
	C 材料	千克		4 000		

第二联：记账联

101—4

出　库　单

2010 年 12 月 5 日

单位:乙产品

材料类别	材料名称	单　位	单价(元)	数量	金　额(元)	备注
原材料	A 材料	千克		3 200		
	C 材料	千克		4 200		

第二联:记账联

101—5

出　库　单

2010 年 12 月 5 日

单位:甲产品

材料类别	材料名称	单　位	单价(元)	数量	金　额(元)	备注
原材料	A 材料	千克		4 200		
	B 材料	千克		3 000		
	C 材料	千克		10 000		

第二联:记账联

101—6

出　库　单

2010 年 12 月 5 日

单位:装配车间

材料类别	材料名称	单　位	单价(元)	数量	金　额(元)	备注
原材料	C 材料	千克		3 000		

第二联:记账联

101—7

出　库　单

2010 年 12 月 8 日

单位:铸造车间

材料类别	材料名称	单　位	单价(元)	数量	金　额(元)	备注
原材料	C 材料	千克		2 000		

第二联:记账联

101－8

出　库　单

2010 年 12 月 8 日

单位:行政管理部门

材料类别	材料名称	单　位	单价(元)	数量	金　额(元)	备注
原材料	C 材料	千克		6 000		

第二联:记账联

101－9

出　库　单

2010 年 12 月 9 日

单位:乙产品

材料类别	材料名称	单　位	单价(元)	数量	金　额(元)	备注
原材料	B 材料	千克		2 400		
	C 材料	千克		3 800		

第二联:记账联

101－10

出　库　单

2010 年 12 月 9 日

单位:机修车间

材料类别	材料名称	单　位	单价(元)	数量	金　额(元)	备注
原材料	C 材料	千克		4 000		

第二联:记账联

101－11

出　库　单

2010 年 12 月 12 日

单位:加工车间

材料类别	材料名称	单　位	单价(元)	数量	金　额(元)	备注
原材料	C 材料	千克		2 400		

第二联:记账联

101—12

出　库　单

2010年12月15日

单 位:乙产品

材料类别	材料名称	单　位	单价(元)	数量	金　额(元)	备注
原材料	A材料	千克		2 000		
	B材料	千克		2 100		
	C材料	千克		4 800		

第二联:记账联

101—13

出　库　单

2010年12月15日

单位:供电车间

材料类别	材料名称	单　位	单价(元)	数量	金　额(元)	备注
原材料	C材料	千克		2 700		

第二联:记账联

101—14

出　库　单

2010年12月17日

单位:甲产品

材料类别	材料名称	单　位	单价(元)	数量	金　额(元)	备注
原材料	A材料	千克		2 400		
	B材料	千克		3 400		

第二联:记账联

101—15

出　库　单

2010年12月18日

单位:出售

材料类别	材料名称	单　位	单价(元)	数量	金　额(元)	备注
原材料	C材料	千克		1 000		

第二联:记账联

101—16

出　库　单

2010 年 12 月 22 日

单位:甲产品

材料类别	材料名称	单　位	单价(元)	数量	金　额(元)	备注
原材料	A 材料	千克		3 000		
	C 材料	千克		13 000		

第二联:记账联

101—17

出　库　单

2010 年 12 月 23 日

单位:乙产品

材料类别	材料名称	单　位	单价(元)	数量	金　额(元)	备注
原材料	C 材料	千克		3 200		

第二联:记账联

101—18

材料费用分配表

2010 年 12 月 26 日　　单位:元

借方账户		分配金额
	甲产品	
	乙产品	
	机修车间	
	供电车间	
	铸造车间	
	加工车间	
	装配车间	

102—1

固定资产盈亏报告表

2010年12月26日　　　　单位:元

类别	名称	单位	账面数量	实物数量	盘盈(重置价值)	盘亏(原值)	备注
生产用	磨床	台	10	11	30 000		二成新
不需用	铣床	台	5	3		70 000	已提折旧46 000
合计					30 000	70 000	

103—1

加工修理业专用发票

发　票　联

密码

税务登记号:103456622　　　　发票号 NO.10678345

收款单位:上海市设备维修厂

付款单位(个人):上海通用机械厂机修车间

经营项目	金额
设备修理	80 000.00

金额合计(人民币大写)捌万元整

机打票号:2344556

税控防伪码:6EEC507788965AW　　　　税控装置号:3456788

开票日期:2010年12月26日

收款单位(盖章有效)

103—2

中国工商银行

转账支票存根

XIV223569

附加信息:

出票日期:2010年12月26日

收　款　人:上海市设备维修厂

金　　额:¥80 000.00

用　　途:支付修理费

单位主管:　　　　会计:

104—1

地方税纳税申报表

税款所属日期:2010年1月1日至2010年12月31日 填报日期:2012年12月26日 金额单位:元(列至角分)

纳税人名称		上海通用机械厂			纳税人开户银行	中国银行上海浦东支行
纳税人微机编码		8506832101			账号	11305397069
纳税人地址		上海市浦东区向阳路8号			电话号码	021-96986888
税种	应税项目	计税金额或计税数量	税率或单位税额	应纳税额	减免税额	实际缴纳税额
房产税	房屋建筑物	7 364 000	1.2%	88 368		88 368 全年
土地使用税	一级地段	3 472.4 m	10	34 724		34 724 全年
车船使用税	三辆			1 600		1 600 全年
合 计				124 692		124 692
纳税人:(印章) 法人代表或负责人:阿明 办税人员:阿明 纳税申报日期: 2012年12月26日			税务机关受理人: 税票号码: 税务机关(印章) 受理日期: 年月日			

105—1

工资结算汇总表(简表)

2010年12月31日

单位:元

部门 \ 项目		应付工资	代扣款项	实发工资
铸造车间	生产工人	112 000	7 000	105 000
	管理人员	16 000	1 000	15 000
加工车间	生产工人	88 000	5 500	82 500
	管理人员	24 000	1 500	22 500
装配车间	生产工人	80 000	5 000	75 000
	管理人员	16 000	1 000	15 000
机修车间		32 000	2 000	30 000
供电车间		28 800	1 800	27 000
管理部门		75 200	4 700	70 500
独立销售机构		8 000	500	7 500
合 计		480 000	30 000	450 000

105—2

甲、乙产品生产工时资料

产品＼车间	铸造车间	加工车间	装配车间
甲产品	120 000	22 500	38 000
乙产品	104 000	17 500	26 000

105—3

职工工资费用分配表

2010 年 12 月 31 日

借方账户		直接计入	分配计入			合计
			生产工时	分配率	分配金额	
	甲产品					
	乙产品					
	小计					
	机修车间					
	供电车间					
	铸造车间					
	加工车间					
	装配车间					
	管理部门					
	销售机构					
合　计						

106—1

职工福利分配表

2010 年 12 月 31 日

借方账户		职工工资(元)	职工福利(元) 14%
	甲产品		
	乙产品		
	小计		
	机修车间		
	供电车间		
	铸造车间		
	加工车间		
	装配车间		
	管理部门		
	销售机构		
合　计			

107—1

工会经费计算表

2010 年 12 月 31 日

项目	职工工资(元)	计算金额(元)
工会经费(2%)		

108—1

偿还贷款凭证（第一联）

2010 年 12 月 31 日

<table>
<tr><td>借款单位名称</td><td>上海通用机械厂</td><td>贷款账户</td><td colspan="11">8222369999</td></tr>
<tr><td rowspan="2">还款金额（大写）</td><td colspan="2" rowspan="2">贰拾万元整</td><td>亿</td><td>千</td><td>百</td><td>十</td><td>万</td><td>千</td><td>百</td><td>十</td><td>元</td><td>角</td><td>分</td></tr>
<tr><td></td><td></td><td>¥</td><td>2</td><td>0</td><td>0</td><td>0</td><td>0</td><td>0</td><td>0</td><td>0</td></tr>
<tr><td>贷款种类</td><td>长期借款</td><td>借款日期</td><td colspan="3">2009 年 12 月 30 日</td><td colspan="3">还款日期</td><td colspan="5">2010 年 12 月 31 日</td></tr>
<tr><td colspan="3">上列款项已有本单位账户内偿还到期贷款
借款单位章</td><td colspan="11">记账号</td></tr>
</table>

中国工商银行上海市浦东支行 2010.12.31 转讫

109—1

银行借款利息计算表

2010 年 12 月 31 日

借款种类	借款金额(元)	年贷款利率	月利息额
长期借款	2 200 000	8.4%	

110—1

无形资产摊销计算表

2010 年 12 月 31 日　　单位:元

项目	账面净额	本月摊销额
专利权	114 400	5 300
专有技术	36 000	300
合　计	150 400	5 600

会计主管:　　复核:　　制表:

111－1

中国工商银行存款利息通知(收款通知)

2010 年 12 月 31 日　　　　第 005954 号

<table>
<tr><td>单位名称</td><td>上海通用机械厂</td><td>结算账户号</td><td colspan="11">11305397069</td></tr>
<tr><td rowspan="2">金额</td><td colspan="2" rowspan="2">人民币
(大写)肆仟壹佰伍拾陆元整</td><td>亿</td><td>千</td><td>百</td><td>十</td><td>万</td><td>千</td><td>百</td><td>十</td><td>元</td><td>角</td><td>分</td></tr>
<tr><td></td><td></td><td></td><td></td><td>¥</td><td>4</td><td>1</td><td>5</td><td>6</td><td>0</td><td>0</td></tr>
<tr><td>结息期</td><td>2010 年 9 月 1 日至
2010 年 12 月 31 日</td><td>利率</td><td colspan="11">1.1‰</td></tr>
<tr><td colspan="2">备注:存款利息</td><td colspan="12"></td></tr>
</table>

112－1

辅助生产车间劳务资料

	机修车间	供电车间	甲产品	乙产品	铸造车间	加工车间	装配车间	管理部门
机修工时		650			20 000	21 600	22 800	850
供电度	1 800		56 000	44 000	17 000	14 000	20 000	2 118

112－2

辅助生产费用分配表

2010 年 12 月 31 日

<table>
<tr><td colspan="2" rowspan="2">借方账户</td><td colspan="3">机修车间</td><td colspan="3">供电车间</td><td rowspan="2">合计</td></tr>
<tr><td>劳务量</td><td>分配率</td><td>分配金额</td><td>供电量</td><td>分配率</td><td>分配金额</td></tr>
<tr><td rowspan="2"></td><td>甲产品</td><td></td><td></td><td></td><td></td><td></td><td></td><td rowspan="2"></td></tr>
<tr><td>乙产品</td><td></td><td></td><td></td><td></td><td></td><td></td></tr>
<tr><td rowspan="3"></td><td>铸造</td><td></td><td></td><td></td><td></td><td></td><td></td><td rowspan="3"></td></tr>
<tr><td>加工</td><td></td><td></td><td></td><td></td><td></td><td></td></tr>
<tr><td>装配</td><td></td><td></td><td></td><td></td><td></td><td></td></tr>
<tr><td></td><td>管理部门</td><td></td><td></td><td></td><td></td><td></td><td></td><td></td></tr>
<tr><td colspan="2">合计</td><td></td><td></td><td></td><td></td><td></td><td></td><td></td></tr>
</table>

113－1

中国工商银行特种转账借方传票(第一联)

2010 年 12 月 31 日

<table>
<tr><td>借款单位名称</td><td>上海通用机械厂</td><td>贷款账户</td><td colspan="12">8222369999</td></tr>
<tr><td rowspan="2">还款金额(大写)</td><td colspan="2" rowspan="2">叁仟元整</td><td colspan="2">亿</td><td>千</td><td>百</td><td>十</td><td>万</td><td>千</td><td>百</td><td>十</td><td>元</td><td>角</td><td>分</td></tr>
<tr><td colspan="2"></td><td></td><td></td><td></td><td>¥</td><td>3</td><td>0</td><td>0</td><td>0</td><td>0</td><td>0</td></tr>
<tr><td>贷款种类</td><td>短期借款利息</td><td>借款日期</td><td colspan="5">2010 年 9 月 30 日</td><td colspan="2">还款日期</td><td colspan="5">2010 年 12 月 31 日</td></tr>
<tr><td colspan="2">上列款项已有本单位账户内偿还到期贷款
借款单位章</td><td colspan="13">中国工商银行上海市浦东支行
2010.12.31
转讫
转账原因:支付短期借款利息
记账号</td></tr>
</table>

114

企业教育经费计算表

2010 年 12 月 31 日　　单位:元

项目	职工工资	提取率	计算金额
教育经费		2.5%	
合计			

115

制造费用分配表

2010 年 12 月 31 日　　单位:元

应借科目		铸造车间			加工车间			装配车间			合计
		生产工时	分配率	金额	生产工时	分配率	金额	生产工时	分配率	金额	
	甲										
	乙										
合计											

116

入　库　单

单位：仓库　　2010 年 12 月 31 日　　单位:元

材料类别	材料名称	单位	数量	单价	金额	备注
原材料	B 材料	千克	3 520	75	264 000	上海龙溪材料
合　计			3 520		264 000	

第二联：记账联

117

坏账准备计提计算表

2010年12月31日

年末应收账款余额	计提比例	坏账准备余额
	3‰	

118－1

产品成本计算单

2010年12月31日

完工产量:

在产品:　　　　　　　　　　完工程度:

产品:甲产品

项目	直接材料	直接人工	制造费用	其他直接费用	合计
期初在产品成本					
本月发生费用					
费用合计					
约当产量					
单位成本					
结转完工产品成本					
月末在产品成本					

118－2

产品成本计算单

2010年12月31日

完工产量:

在产品:　　　　　　　　　　完工程度:

产品:乙产品

项目	直接材料	直接人工	制造费用	其他直接费用	合计
期初在产品成本					
本月发生费用					
费用合计					
约当产量					
单位成本					
结转完工产品成本					
月末在产品成本					

118—3

入　库　单

单位：仓库　　　　2010年12月31日

存货类别	名称	单位	数量	单价	金额	备注
甲产品	甲产品	件				
乙产品	乙产品	件				
合　计						

第二联：记账联

119—1

固定资产盘盈盘亏核销报告单

2010年12月31日

设备名称	单位	盘盈			盘亏			盈亏原因
		数量	重置价值	估计折旧	数量	原值	已提折旧	
磨床	台	1	30 000	24 000				
铣床					2	70 000	46 000	
处理意见		使用部门		清查小组		审批部门		
		盘盈：计入以前年度损益调整 盘亏：计入营业外支出		盘盈：计入以前年度损益调整 盘亏：计入营业外支出		同意清查小组意见		

119—2

纳税人资产损失税前扣除申请表

企业名称：上海通用机械厂　　　　2010年12月31日　　　　单位：元

品名	损失类型	损失数量	账面价值	残值金额	责任人赔偿	保险赔偿	计税扣除金额
铣床		2	24 000				24 000
合计			24 000				24 000

主管税务机关审核意见：
情况属实，同意税前扣除。

（印章：上海通用机械厂）

经办人：张力
科长：王江
2010年12月31日

法人代表：　　　　财务负责人　　　　联系电话

119—3

税前扣除审批表

企业名称：上海通用机械厂　　　　2010 年 12 月 31 日　　　　单位：元

利润总额			预计应纳税所得额			
扣除项目及审批表						
项目	本年已核销金额	审批扣除金额	纳税调整金额			备注
1.固定资产						
盘亏						
报废						
2.流动资产						
盘亏	24 000	24 000				
报废						
3.其他损失						
合计		24 000				
区地税局： 同意			市地税局： 2010 年 12 月 31 日			

120—1

出　库　单

单位：　　　　2010 年 12 月 1 日

产品名称	单位	单价	数量	金额	备注
甲产品	件		200		

负责人：　　　　经手人：

120—2

出　库　单

单位：　　　　2010 年 12 月 1 日

产品名称	单位	单价	数量	金额	备注
甲产品	件		400		

负责人：　　　　经手人：

120—3

出　库　单

单位：　　　　2010 年 12 月 4 日

产品名称	单位	单价	数量	金额	备注
乙产品	件		2 400		

负责人：　　　　经手人：

120—4

出　库　单

单位：　　　　2010 年 12 月 8 日

产品名称	单位	单价	数量	金额	备注
乙产品	件		200		

负责人：　　　　经手人：

120—5

出　库　单

单位：　　　　2010 年 12 月 9 日

产品名称	单位	单价	数量	金额	备注
甲产品	件		200		

负责人：　　　　经手人：

120—6

出　库　单

单位：　　　　2010 年 12 月 18 日

产品名称	单位	单价	数量	金额	备注
甲产品	件		2 400		

负责人：　　　　经手人：

120—7

出　库　单

单位：　　　　2010 年 12 月 22 日

产品名称	单位	单价	数量	金额	备注
甲产品	件		1 600		

负责人：　　　　经手人：

120—8

出　库　单

单位：　　　　2010 年 12 月 24 日

产品名称	单位	单价	数量	金额	备注
甲产品	件		2 800		

负责人：　　　　经手人：

120—9

出　库　单

单位：　　　　2010 年 12 月 24 日

产品名称	单位	单价	数量	金额	备注
乙产品	件		3 000		

负责人：　　　　经手人：

120—10

产品销售成本计算表

2010 年 12 月 31 日

产品名称	销售数量(件)	单位成本(元)	总成本(元)
甲产品			
乙产品			
合计			

121－1

增值税纳税申报表(适用一般纳税人)

根据《中华人民共和国增值税暂行条例》第二十二条和第二十三条的规定制定本表。纳税人不论有无销售额,均应按主管税务机关规定的纳税期限按期填报本表,并于次月一日起十日内,向当地税务机关申报。

税款所属时期:　　　　至　　　　　　　　填表日期:　　　　　　　　　　　　金额单位:元至角分

纳税人识别号		所属行业		登记注册类型	
纳税人名称				法定代表人姓名	
营业地址				电话号码	

项目		栏次	一般货物及劳务		即征即返货物及劳务	
			本月数	本年累计	本月数	本年累计
销售额	(一)按适用税率征税货物及劳务销售额	1				
	其中:应税货物销售额	2				
	应税劳务销售额	3				
	纳税检查调整的销售额	4				
	(二)按简易征收办法征税货物销售额	5				
	其中:纳税检查调整的销售额	6				
	(三)免、抵、退办法出口货物销售额	7			—	—
	(四)免税货物及劳务销售额	8			—	—
	其中:免税货物销售额	9			—	—
	免税劳务销售额	10			—	—
税款计算	销项税额	11				
	进项税额	12				
	上期留抵税额	13		—		—
	进项税额转出	14				
	免抵退货物应退税额	15			—	—
	按适用税率计算的纳税检查应补缴税额	16			—	—
	应抵扣税额合计(12＋13－14－15＋16)	17		—		—
	实际抵扣税额(如 17<11,则为 17,否则为 11)	18				
	应纳税额(19＝11－18)	19				
	期末留抵税额(20＝17－18)	20		—		—
	简易征收办法计算的应纳税额	21				
	按简易征收办法计算的纳税检查应补缴税额	22			—	—
	应纳税额减征额	23				
	应纳税额合计(24＝19＋21－23)	24				

续表

税款缴纳	期初未缴税额(多缴为负数)	25		—		
	实收出口开具专用缴款书退税额	26			—	—
	本期已缴税额(27＝28＋29＋30＋31)	27				
	①分次预缴税额	28		—		—
	②出口开具专用缴款书预缴税额	29		—	—	—
	③本期缴纳上期应纳税额	30				
	④本期缴纳欠缴税额	31				
	期末未缴税额(多缴为负数)32＝24＋25＋26－27	32				
	其中:欠缴税额(＞＝0)33＝25＋26－27	33		—		—
	本期应补(退)税额 33＝24－28－29	34		—		—
	即征即退实际退税额	35	—	—		
	期初未缴查补税额	36			—	—
	本期入库查补税额	37			—	—
	期末未缴查补税额 38＝16＋22＋36－37	38			—	—
授权申明	如果你已委托代理申报人，请填写下列资料： 为代理一切税务事宜，现授权 (地址) 为本纳税人的代理申报人，任何与本申报表有关的往来文件都可寄与此人。 授权人签字：	申报人申明	此纳税申报表是根据《中华人民共和国增值税暂行条例》的规定填报的，我确信它是真实的、可靠的、完整的。 声明人签字：			

以下由税务机关填写：　　　　　　　　　　　　　　　　管税务机关盖章：

收到日期：　　　　　　　　接收人：

121—2

地方税纳税申报表

税款所属日期:2010 年 12 月 1 日至 2010 年 12 月 31 日　　　　金额单位:元(列至角分)

纳税人名称		上海通用机械厂		纳税人开户银行		工行上海浦东支行
纳税人微机编码		8506832101		账号		11305397069
纳税人地址		上海市浦东区向阳路 8 号		电话号码		021-96986888
税种	应税项目	计税金额或计税数量	税率或单位税额	应纳税额	减免税额	实际缴纳税额
营业税			5%			
城市维护建设税			7%			
教育费附加			3%			
合　计						

纳税人:(印章) 法人代表或负责人: 办税人员: 纳税申报日期:　　2010 年 12 月　日	税务机关受理人: 税票号码: 税务机关(印章) 受理日期:　　年　月　日

122—1

损益类账户余额表

2010 年 12 月 31 日

账户名称	借方余额	贷方余额
主营业务收入		
其他业务收入		
营业外收入		
投资收益		
其他业务成本		
营业税金及附加		
财务费用		
管理费用		
销售费用		
资产减值损失		
营业外支出		
合　计		

财务主管:高芳　　　　审核:高芳　　　　制单:陈丹

123－1

中华人民共和国企业所得税年度纳税申报表(A类)

税款所属期间：　　年　　月　　日至　　年　　月　　日

纳税人识别号：□□□□□□□□□□□□□□□□□□□□

纳 税 人 编 码：□□□□□□□□□□

纳 税 人 名 称：　　　　　　　　　　　　　　　　金额单位：元(列至角分)

类别	行次	项目	金额
利润总额计算	1	一、营业收入(填附表一)	
	2	减：营业成本(填附表二)	
	3	营业税金及附加	
	4	销售费用(填附表二)	
	5	管理费用(填附表二)	
	6	财务费用(填附表二)	
	7	资产减值损失	
	8	加：公允价值变动收益	
	9	投资收益	
	10	二、营业利润	
	11	加：营业外收入(填附表一)	
	12	减：营业外支出(填附表二)	
	13	三、利润总额(10＋11－12)	
应纳税所得额计算	14	加：纳税调整增加额(填附表三)	
	15	减：纳税调整减少额(填附表三)	
	16	其中：不征税收入	
	17	免税收入	
	18	减计收入	
	19	减、免税项目所得	
	20	加计扣除	
	21	抵扣应纳税所得额	
	22	加：境外应税所得弥补境内亏损	
	23	纳税调整后所得(13＋14－15＋22)	
	24	减：弥补以前年度亏损(填附表四)	
	25	应纳税所得额(23－24)	
应纳税额计算	26	税率(25%)	
	27	应纳所得税额(25×26)	
	28	减：减免所得税额(填附表五)	
	29	减：抵免所得税额(填附表五)	
	30	应纳税额(27－28－29)	
	31	加：境外所得应纳所得税额(填附表六)	
	32	减：境外所得抵免所得税额(填附表六)	
	33	实际应纳所得税额(30＋31－32)	
	34	减：本年累计实际已预缴的所得税额	
	35	其中：汇总纳税的总机构分摊预缴的税额	
	36	汇总纳税的总机构财政调库预缴的税额	
	37	汇总纳税的总机构所属分支机构分摊的预缴税额	
	38	合并纳税(母子体制)成员企业就地预缴比例	
	39	合并纳税企业就地预缴的所得税额	
	40	本年应补(退)的所得税额(33－34)	
附列资料	41	以前年度多缴的所得税额在本年抵减额	
	42	以前年度应缴未缴在本年入库所得税额	

纳税人公章： 经办人： 申报日期：　　年　月　日	代理申报中介机构公章： 经办人及执业证件号码： 代理申报日期：　　年　月　日	主管税务机关受理专用章： 受理人： 受理日期：　　年　月　日

124－1　结转全年净利润

125－1

利润分配计算表

________年度　　　　　　　　　　　　单位:元

项目	金额
一、全年利润总额	
减:应交所得税	
二、全年净利润	
提取的法定盈余公积 10%	
提取的任意盈余公积 5%	
对外分配 60%	
四、本年未分配利润	

制表:　　　　　　　　　　　　复核:

第七章　商品流通企业会计综合实训

一、操作目的

本实验为商品流通企业综合模拟实验，模拟了上海杰瑞商城 2010 年 12 月份的全部业务。通过这套模拟实验的操作，使学生对商品流通企业会计核算的全过程有一个系统、完整的认识，并熟练地掌握商品流通企业售价金额会计核算的基本程序和基本方法，从而达到将所学的会计专业理论知识与实际操作方法融会贯通的目的。

二、实验操作设计

(一) 会计主体的基本情况

企业名称：上海市杰瑞商城

地　　址：上海市虹桥路 18 号

法人代表：王秋文

注册资金：陆佰万元

企业代码：957842356

税务登记号：11204386058

开户银行：中国工商银行上海虹桥支行

银行基本存款账号：22553688

(二) 企业会计制度设计

1. 各商品部门不独立核算，对商场实行报账制，由公司统一筹集资金、统一采购、统一核算，具体办法如下：(1)库存商品采用售价金额核算，企业对各商品都按实物负责人分户建账，按价税合一入账；(2)"主营业务收入"、"商品进销差价"均按各商品部开设账户"；(3)各商品部的销货款应于每日终了送存银行，每五天编制一次销货汇总表，交财务部门入账；(4)商品销售成本采用随销售随结转的办法，按含税销售收入记账，同时按含税销售收入结转成本以注销实物负责人的经济责任；(5)月末，按分类差价率计算已销商品实现的进销差价。

2. 非商品存货业务的有关规定。非商品存货业务是指材料物资、包装物及低值易耗品的业务。材料物资采用购进入库统一管理，经批准耗用时计入成本费用制度。包装物采用出入库制度，设置"库存包装物"明细账，发出时一次摊销。对单位价值较低、使用期限较短的低值易耗品采用一次摊销法，对于单位价值较高、使用期限较长的采用五五摊销法，即领用时摊销 50%，报废时摊销 50%。

3. 固定资产、无形资产和递延资产的核算。(1)固定资产及折旧的核算：固定资产按形成过程的实际成本计价，固定资产折旧采用直线法分类计算、按月提取。(2)在建工程的核算：按固定资产新建、改扩建、大修理工程等所发生的实际成本支出确认在建工程；工程借款利息在固定资产尚未交付使用前发生的，计入在建工程成本，工程交付使用后发生的借款利息，计入期间费用。(3)无形资产的核算：购入或自行创造并按法律程序申请取得的各项无形资产，按实际支出确认，在受益期内按直线法平均摊销。(4)递延资产的核算：企业发生的不能计入当年损益，应当在以后年度内分期摊销的各项费用确认为递延资产，在受益期内按直线法平均摊销。

4. 费用管理与核算的有关规定。(1)采购员及其他职工出差预支差旅费，回来后一次结清；(2)业务招待费按规定范围使用，控制在全年销售额的 0.5%以内；(3)销售费用直接计入各商品部的销售费用核算。

三、实验资料

1. 杰瑞商城 2010 年 11 月 30 日的相关财务资料如下：

表 7—1　　2010 年 11 月 30 日总分类账余额表

单位：元

序号	账户名称	借方金额	账户名称	贷方金额
1	库存现金	4 000.00	短期借款	600 000.00
2	银行存款	1 953 898.00	应付票据	117 000.00
3	其他货币奖金	10 000.00	应付账款	71 400.00
4	交易性金融资产	1 260 000.00	预收账款	46 308.00
5	其他应收款	8 530.00	代销商品款	248 000.00
6	材料采购	964 580.00	其他应付款	37 286.00
7	库存商品	3 619 396.00	应付职工薪酬	76 762.00
8	受托代销商品	248 000.00	应交税费	99 156.40
9	商品进销差价	—1 445 054.00	应付利润	78 992.00
10	原材料	29 400.00	预提费用	60 000.00
11	周转材料	160 000.00	长期借款	240 000.00
12	待摊费用	6 000.00		
	小　计	6 818 750.00	小　计	1 674 906.40
13	长期股权投资	500 000.00	实收资本	6 000 000.00
14	固定资产	2 420 000.00	盈余公积	221 454.00
15	累计折旧	—700 000.00	资本公积	89 099.00
16	在建工程	800 000.00	本年利润	1 190 440.00
17	无形资产	240 000.00	利润分配	813 751.60
	小　计	3 260 000.00	小　计	8 403 843.60
	总　计	10 078 750.00	总　计	10 078 750.00

表 7—2　　2010 年 11 月 30 日明细分类账余额表　　单位:元

序号	账户名称	明细账户	借方金额	贷方金额	账页格式
1	其他货币资金	外埠存款	10 000.00		三栏式
2	交易性金融资产	债券投资	1 260 000.00		三栏式
3	其他应收款	企管科	8 530.00		三栏式
4	商品采购	清河针织厂	151 000.00		三栏式
		广州商贸中心	218 550.00		三栏式
		市百货公司	112 800.00		三栏式
		市百货公司	112 800.00		三栏式
		海尔电冰箱厂	482 230.00		三栏式
5	受托代销商品	北京服装有限公司	248 000.00		三栏式
6	待摊费用	报刊费	2 000.00		三栏式
		财产保险费	4 000.00		三栏式
7	长期股权投资	债券投资	500 000.00		三栏式
8	在建工程	仓库	800 000.00		三栏式
9	无形资产	土地使用权	240 000.00		三栏式
10	短期借款	商品周转借款		600 000.00	三栏式
11	应付票据	银行承兑汇票(上海服装公司)		117 000.00	三栏式
12	应付账款	市百货公司		71 400.00	三栏式
13	预收账款	信达公司		46 308.00	三栏式
14	代销商品款	北京服装有限公司		248 000.00	三栏式
15	其他应付款	包装箱押金		37 286.00	三栏式
16	应交税费	增值税		51 772.00	多借多贷
		营业税		476.00	三栏式
		所得税		41 685.60	三栏式
		城市维护建设税		3 657.36	三栏式
		教育费附加		1 567.44	三栏式
17	预提费用	房屋租金		60 000.00	三栏式
18	长期借款	基建借款		240 000.00	三栏式
19	盈余公积	法定盈余公积		133 596.00	三栏式
		任意盈余公积		87 858.00	三栏式

表 7—3　　　　零售商品库存明细账户期初余额表　　　　单位：元

总账科目	部门	金额
库存商品	服装组	1 847 810.00
	家电组	1 312 246.00
	百货组	459 340.00
	小计	3 619 396.00
商品进销差价	服装组	966 464.00
	家电组	348 584.00
	百货组	130 006.00
	小计	1 445 054.00

表 7—4　　　　其他财产物资明细账(数量金额式账页)　　　　单位：元

总账科目	名称	单位	数量	单价	金额
原材料	劳保用品	套	200	43.00	8 600.00
	板材		26	800.00	20 800.00
包装物	包装箱	个	400	58.00	23 200.00
	包装袋	个	800	13.00	10 400.00
低值易耗品	办公桌椅	套	120	220.00	26 400.00
	货架	个	400	250.00	100 000.00

2. 上海市杰瑞商城 2010 年 12 月的经济业务凭证如下：

1—1

中国工商银行特种转账借款凭证

银行编号：498751　　　　2010 年 12 月 1 日

<table>
<tr><td>贷款单位</td><td colspan="2">上海市杰瑞商城</td><td>贷款申请书编号</td><td>2565</td><td>贷款利率</td><td>6%</td><td>存款账号</td><td>22553688</td></tr>
<tr><td>贷款金额</td><td colspan="2">壹佰万元整</td><td colspan="4">千 百 十 万 千 百 十 元 角 分
¥ 1 0 0 0 0 0 0 0 0</td><td>还款日期</td><td>2011 年 6 月 3 日</td></tr>
<tr><td rowspan="2">银行核定金额</td><td colspan="4" rowspan="2">人民币
(大写)壹佰万元整</td><td colspan="2">银行核定还款日期</td><td colspan="2">2011 年 6 月 1 日</td></tr>
<tr><td colspan="2">银行实际放出日期</td><td colspan="2">2010 年 12 月 1 日</td></tr>
</table>

中国工商银行上海虹桥支行 2010.12.1 转讫

第二联：记账联

2—1

上海市增值税专用发票

抵扣联

NO. 81001

开票日期:2010 年 12 月 2 日

购货单位	名　称	上海市杰瑞商城	纳税人登记号	11204386058
	地址、电话	上海市虹桥路 18 号	开户银行及账号	工行上海虹桥支行 22553688

货物及应税劳务名称	单位	数量	单价	金额									税率	税额								
				百	十	万	千	百	十	元	角	分		百	十	万	千	百	十	元	角	分
服装 A-1	套	1 000	30			3	0	0	0	0	0	0	17%				5	1	0	0	0	0
服装 B-1	套	1 000	60			6	0	0	0	0	0	0				1	0	2	0	0	0	0
服装 C-1	套	1 000	80			8	0	0	0	0	0	0				1	3	6	0	0	0	0
合　计		3 000		¥	1	7	0	0	0	0	0	0			¥	2	8	9	0	0	0	0

价税合计(大写)	×佰壹拾玖万捌仟玖佰元整	(小写)198 900.00

销货单位	名称	上海市服装厂	税务登记号	63856126
	地址、电话	上海清河东路 19 号	开户银行及账号	建行清河支行 88923100

销售单位:(章)　　收款人:王海芳　　复核:宋平　　开票人:杜维

第二联:发票联　购货方记账凭证

2—2

上海市增值税专用发票

抵扣联

NO. 81001

开票日期:2010 年 12 月 2 日

购货单位	名　称	上海市杰瑞商城	纳税人登记号	11204386058
	地址、电话	上海市虹桥路 18 号	开户银行及账号	工行上海虹桥支行 22553688

货物及应税劳务名称	单位	数量	单价	金额									税率	税额								
				百	十	万	千	百	十	元	角	分		百	十	万	千	百	十	元	角	分
服装 A-1	套	1 000	30			3	0	0	0	0	0	0	17%				5	1	0	0	0	0
服装 B-1	套	1 000	60			6	0	0	0	0	0	0				1	0	2	0	0	0	0
服装 C-1	套	1 000	80			8	0	0	0	0	0	0				1	3	6	0	0	0	0
合　计		3 000		¥	1	7	0	0	0	0	0	0			¥	2	8	9	0	0	0	0

价税合计(大写)	×佰壹拾玖万捌仟玖佰元整	(小写)198 900.00

销货单位	名称	上海市服装厂	税务登记号	63856126
	地址、电话	上海市清河东路 19 号	开户银行及账号	建行清河支行 88923100

销售单位:(章)　　收款人:王海芳　　复核:宋平　　开票人:杜维

第三联:抵扣联　购货方作抵扣税款凭证

2—3

中国工商银行 **转账支票存根** **XIV223531** 附加信息：
出票日期：2010 年 12 月 2 日
收　款　人：上海市服装厂
金　　额：￥198 900. 00
用　　途：货款
单位主管：　　　　　　会计：

2—4

商品验收入库单

2010 年 12 月 2 日

供应单位：上海市服装厂		服装组		进　价		售　价		进销差价
商品类别	商品名称	单　位	数　量	单　价	金　额	单　价	金　额	
服装	A-1	套	1 000	30	30 000	60	60 000	30 000
服装	B-1	套	1 000	60	60 000	120	120 000	60 000
服装	C-1	套	1 000	80	80 000	160	160 000	80 000
			3 000		170 000		340 000	170 000

第二联：记账联

主管：　　　　复核：　　　　制单：　　　　收货：

3—1

服务业、娱乐业、文化体育业专用发票

发票联

密　码

税务登记号：10 34566

发票号：NO. 103472756

收款单位：上海市韵晨广告公司

付款单位(个人)：上海市杰瑞商城

经营项目	金额
广告费	12 000. 00
金额会计(人民币大写)壹万贰仟元整	
机打票号：2344556	税控装置号：3456788
税控防伪码：6EEC507788965AW	开票日期：2010 年 12 月 4 日

收款单位(盖章有效)

3—2

中国工商银行 **转账支票存根** **XIV**223532 附加信息：
出票日期：2010年12月4日
收 款 人：上海市韵晨广告公司
金　　额：￥12 000.00
用　　途：广告费
单位主管：　　　　会计：

4—1

商品销售收入汇总表

编制单位：上海市杰瑞商城　　2010年12月5日　　单位：元

商品编号 缴款单位	销货金额	结算方式		备注
		库存现金	支票	
服装组	193 440	193 440		
家电组	178 690	178 690		
百货组	26 306	26 306		
合　计	398 436	398 436		

4—2

现金存款凭证(回单)

交款日期：2010年12月5日　　第 1 号

收款单位名称	上海市杰瑞商城	款项来源	销货款
交款部门	服装组	收款单位账户	22553688
		收款单位开户行	工商银行上海虹桥支行

人民币(大写)	百	十	万	千	百	十	元	角	分
壹拾玖万叁仟肆佰肆拾元整	￥	1	9	3	4	4	0	0	0

券别	捆数	张数	金额	券别	捆数	张数	金额	券别	捆数	张数	金额	上列款项收讫无误
壹佰元	18	100	180 000	伍元		8	40					
伍拾元	12	20	12 000	壹元								收款员
贰拾元		60	1 200	五角								
拾元		20	200	壹角								

收款复核：　　收款员：

4—3

现金存款凭证(回单)

交款日期:2010 年 12 月 5 日　　　　第__2__号

收款单位名称	上海市杰瑞商城	款项来源	销货款
交款部门	家电组	收款单位账户	22553688
		收款单位开户行	工商银行上海虹桥支行

人民币（大写）	百	十	万	千	百	十	元	角	分
壹拾柒万捌仟陆佰玖拾元整	¥	1	7	8	6	9	0	0	0

券别	捆数	张数	金额	券别	捆数	张数	金额	券别	捆数	张数	金额	上列款项收讫无误
壹佰元	16	100	160 000	伍元		2	10					
伍拾元	18	20	18 000	壹元								收款员
贰拾元		20	400	五角								
拾元		28	280	壹角								

中国工商银行上海虹桥支行 2010.12.05 现金收讫 (01)

收款复核:　　　　收款员:

4—4

现金存款凭证(回单)

交款日期:2010 年 12 月 5 日　　　　第__3__号

收款单位名称	上海市杰瑞商城	款项来源	销货款
交款部门	百货组	收款单位账户	22553688
		收款单位开户行	工商银行上海虹桥支行

人民币（大写）	十	万	千	百	十	元	角	分
贰万陆仟叁佰零陆元整	¥	2	6	3	0	6	0	0

券别	捆数	张数	金额	券别	捆数	张数	金额	券别	捆数	张数	金额	上列款项收讫无误
壹佰元	2	100	20 000	伍元								
伍拾元	6	20	6 000	壹元		6	6					收款员
贰拾元		10	200	五角								
拾元		10	100	壹角								

中国工商银行上海虹桥支行 2010.12.05 现金收讫 (01)

收款复核:　　　　收款员:

4—3

零售商品进销存汇总表

2010年12月5日　　　　编号:1

柜组	昨日结存	今日增加					今日减少						今日结存
		购进	调入	调价增值	盘点溢余	合计	销售	调出	调价减值	削价	盘点短缺	合计	
服装组													
家电组													
百货组													

会计主管:　　　　复核:　　　　制单:

5—1

中华人民共和国

税收(企业所得税)缴款书 地

No. 0095461

经济类型:国有　　　　填发日期:2010年12月6日　　　　收入机关:上海市地方税务局

缴款单位(人)	全　称	上海市杰瑞商城	预算科目	款　项	企业所得税
	开户银行	工行上海虹桥支行		级　次	市级
	账　号	22553688	收款国库		中心支库
税款所属时期		2010年11月1～30日	税款限缴时期		2010年12月10日

计征金额		征收率	实缴税额									
项目名称	计征金额		千	百	十	万	千	百	十	元	角	分
企业所得税						4	1	6	8	5	6	0
合计					¥	4	1	6	8	5	6	0
合计金额	人民币(大写)	肆万壹仟陆佰捌拾伍元陆角整										

缴款单位(盖章)	税务机关填票人(章)	上列款项已收妥并划转收款单位账户 国库(银行)　盖章 2010年12月6日	备注	

上海市杰瑞商城 财务专用章

上海市地方税务局 税务专用章

中国工商银行上海虹桥支行 2010.12.6 转讫

第一联:收据 国库收款盖章后退缴款单位作完税凭证

5—2

中华人民共和国

税收(增值税)缴款书　国

No. 0095589

经济类型:国有　　填发日期:2010 年 12 月 6 日　　收入机关:上海市国家税务局

缴款单位(人)			预算科目		
全称	上海市杰瑞商城		款项	增值税	
开户银行	工行上海虹桥支行		级次	市级	
账号	22553688		收款国库	中心支库	
税款所属时期	2010 年 11 月 1～30 日		税款限缴时期	2010 年 12 月 10 日	

品目名称	课税数量	计税金额或主营业务收入	税率或单位税额	已缴或扣除额	千	百	十	万	千	百	十	元	角	分
增值税			17%					5	1	7	7	2	0	0
(小写)合计							¥	5	1	7	7	2	0	0
合计金额	人民币(大写)　⊕仟⊕佰⊕拾伍万壹仟柒佰柒拾贰元零角零分													
缴款单位(盖章)	税务机关 填票人(章)	上列款项已收妥并划转收款单位账户 国库(银行)　盖章 2010 年 12 月 6 日								备注				

第一联:(收据)国库收款盖章后退缴款单位作完税凭证

5—3

中华人民共和国

税收(城市维护建设税)缴款书　地

No. 0095462

经济类型:国有　　填发日期:2010 年 12 月 6 日　　收入机关:上海市地方税务局

缴款单位(人)		预算科目	
全称	上海市杰瑞商城	款项	城市维护建设税
开户银行	工行上海虹桥支行	级次	市级
账号	22553688	收款国库	中心支库
税款所属时期	2010 年 11 月 1～30 日	税款限缴时期	2010 年 12 月 10 日

计征金额		征收率	千	百	十	万	千	百	十	元	角	分
项目名称	计征金额											
城市维护建设税	52 248.00	7%					3	6	5	7	3	6
合计	52 248.00	7%				¥	3	6	5	7	3	6
合计金额(大写)	人民币(大写)　⊕仟⊕佰⊕拾⊕万叁仟陆佰伍拾柒元叁角陆分											
缴款单位(盖章)	税务机关 填票人(章)	上列款项已收妥并划转收款单位账户 国库(银行)　盖章 2010 年 12 月 6 日							备注			

第一联:(收据)国库收款盖章后退缴款单位作完税凭证

5—4

中华人民共和国
税收(教育费附加)缴款书 地

No. 0095463

经济类型:国有　　填发日期:2010年12月6日　　收入机关:上海市地方税务局

缴款单位(人)	全称	上海市杰瑞商城	预算科目	款项	教育费附加
	开户银行	工行上海虹桥支行		级次	市级
	账号	22553688	收款国库		中心支库
税款所属时期		2010年11月1～30日	税款限缴时期		2010年12月10日

计征金额		征收率	实缴税额									
项目名称	计征金额		千	百	十	万	千	百	十	元	角	分
教育费附加	52 248.00	3%					1	5	6	7	4	4
合计	52 248.00	3%				¥	1	5	6	7	4	4
合计金额(大写)	人民币(大写)⊕仟⊕佰⊕拾⊕万壹仟伍佰陆拾柒元肆角肆分											
缴款单位(盖章)	税务机关 填票人(章)	上列款项已收妥并划转收款单位账户 国库(银行) 盖章2010年12月6日								备注		

第一联:收据　国库收款盖章后退缴款单位作完税凭证

6—1

北京市增值税专用发票

发票联

NO. 88001

开票日期:2010年12月7日

购货单位	名称	上海市杰瑞商城		纳税人登记号	11204386058
	地址、电话	上海市虹桥路18号		开户银行及账号	工行上海虹桥支行 22553688

货物及应税劳务名称	单位	数量	单价	金额									税率	税额								
				百	十	万	千	百	十	元	角	分		百	十	万	千	百	十	元	角	分
神州电脑	台	10	7 500			7	5	0	0	0	0	0	17%			1	2	7	5	0	0	0
					¥	7	5	0	0	0	0	0			¥	1	2	7	5	0	0	0
价税合计(大写)	×拾捌万柒仟柒佰伍拾元整													(小写)¥87 750.00								

销货单位	名称	神州电脑公司	税务登记号	1012386058
	地址、电话	北京市海淀区中华路18号	开户银行及账号	中行海淀支行 96079350311

销售单位:(章)　　收款人:袁春月　　复核:贾晓婷　　开票人:孙雨凝

第二联:发票联　购货方记账凭证

6—2

北京市增值税专用发票

抵扣联

NO. 88001

开票日期：2010 年 12 月 7 日

购货单位	名称	上海市杰瑞商城	纳税人登记号	11204386058
	地址、电话	上海市虹桥路 18 号	开户银行及账号	22553688

货物及应税劳务名称	单位	数量	单价	金额									税率	税额								
				百	十	万	千	百	十	元	角	分		百	十	万	千	百	十	元	角	分
神州电脑	台	10	7 500			7	5	0	0	0	0	0	17%			1	2	7	5	0	0	0
合计					¥	7	5	0	0	0	0	0			¥	1	2	7	5	0	0	0

价税合计（大写） ×拾捌万柒仟柒佰伍拾元整 （小写）¥87 750.00

销货单位	名称	神州电脑公司	税务登记号	1012386058
	地址、电话	北京市海淀区中华路 8 号	开户银行及账号	中行海淀支行 96079350311

销售单位：（章） 收款人：袁春月 复核：贾晓婷 开票人：孙雨凝

第三联：抵扣联 购货方扣税凭证

6—3

商品验收入库单

供应单位：神州电脑集团 2010 年 12 月 7 日

商品类别	商品名称	单位	数量	实收数量	单价(元)	金额(元)
固定资产	神州电脑	台	10	10	7 500	75 000
合计			10	10		75 000

主管： 复核： 制单： 收货：

第二联：记账联

6—4

中国工商银行

转账支票存根

XIV223533

附加信息：

出票日期：2010 年 12 月 7 日

收 款 人：神州电脑公司

金　　额：￥87 750

用　　途：购电脑货款

单位主管：　　　　会计：

之印

7—1

代销商品收货单

2010 年 12 月 9 日　　　　单位：元

委托单位：上海市服装厂		服装组		进　价		售　价		进销差价
商品类别	商品名称	单　位	数　量	单　价	金　额	单　价	金　额	
服装	W-1	套	300	110	33 000	205	61 500	28 500
服装	Y-1	套	300	1 500	450 000	2 700	810 000	360 000
服装	Z-1	套	400	500	200 000	900	360 000	160 000
			1 000		683 000		1 231 500	548 500

主管：　　　复核：　　　制单：　　　收货：

8—1

商品销售收入汇总表

编制单位：上海市杰瑞商城　　2010 年 12 月 10 日　　单位：元

商品编号 缴款单位	销货金额	结算方式		备注
		库存现金	支票	
服装组	247 000	247 000		
家电组	166 300	166 300		
百货组	42 460	42 460		
合　计	455 760	455 760		

8—2

现金存款凭证(回单)

交款日期:2010 年 12 月 10 日　　　　第 1 号

收款单位名称	上海市杰瑞商城	款项来源	销货款
交款部门	服装组	收款单位账户	22553688
		收款单位开户行	工商银行上海虹桥支行

人民币(大写)	百	十	万	千	百	十	元	角	分
贰拾肆万柒仟元整	¥	2	4	7	0	0	0	0	0

中国工商银行上海虹桥支行 2010.12.10 转讫

券别	捆数	张数	金额	券别	捆数	张数	金额	券别	捆数	张数	金额	上列款项收讫无误
壹佰元	24	100	240 000	伍元								
伍拾元	6	20	6 000	壹元								收款员
贰拾元		40	800	五角								
拾元		20	200	壹角								

收款复核:　　　　　　　　收款员:

8—3

现金存款凭证(回单)

交款日期:2010 年 12 月 10 日　　　　第 2 号

收款单位名称	上海市杰瑞商城	款项来源	销货款
交款部门	家电组	收款单位账户	22553688
		收款单位开户行	工商银行上海虹桥支行

人民币(大写)	百	十	万	千	百	十	元	角	分
壹拾陆万陆仟叁佰元整	¥	1	6	6	3	0	0	0	0

中国工商银行上海虹桥支行 2010.12.10 转讫

券别	捆数	张数	金额	券别	捆数	张数	金额	券别	捆数	张数	金额	上列款项收讫无误
壹佰元	16	100	160 000	伍元								
伍拾元	6	20	6 000	壹元								收款员
贰拾元		10	200	五角								
拾元		10	100	壹角								

收款复核:　　　　　　　　收款员:

8—4

现金存款凭证(回单)

交款日期:2010 年 12 月 10 日　　　　第 3 号

收款单位名称	上海市杰瑞商城	款项来源	销货款
交款部门	百货组	收款单位账户	22553688
		收款单位开户行	工商银行上海虹桥支行

人民币(大写)	十	万	千	百	十	元	角	分
肆万贰仟肆佰陆拾元整	¥	4	2	4	6	0	0	0

券别	捆数	张数	金额	券别	捆数	张数	金额	券别	捆数	张数	金额	上列款项收讫无误
壹佰元	4	100	40 000	伍元								
伍拾元	2	20	2 000	壹元								
贰拾元		20	400	五角								收款员
拾元		6	60	壹角								

中国工商银行上海虹桥支行 2010.12.10 转讫

收款复核:　　　　收款员:

8—5

零售商品进销存汇总表

2010 年 12 月 10 日　　　　编号:2

柜组	昨日结存	今日增加					今日减少						今日结存
		购进	调入	调价增值	盘点溢余	合计	销售	调出	调价减值	削价	盘点短缺	合计	
服装组													
家电组													
百货组													

会计主管:　　　　复核:　　　　制单:

9—1

上海市增值税专用发票

发票联

NO. 81002

开票日期:2010 年 12 月 11 日

购货单位	名 称	上海市杰瑞商城	纳税人登记号	11204386058
	地址、电话	上海市虹桥路 18 号	开户银行及账号	工行上海虹桥支行 22553688

货物及应税劳务名称	单位	数量	单价	金额									税率	税额								
				百	十	万	千	百	十	元	角	分		百	十	万	千	百	十	元	角	分
服装 A-1	套	20	30					6	0	0	0	0	17%					1	0	2	0	0
合 计		20					¥	6	0	0	0	0					¥	1	0	2	0	0

价税合计(大写)	×佰×拾×万×仟柒佰零贰元整	(小写)¥702.00

销货单位	名称	上海市服装厂	税务登记号	63856126
	地址、电话	上海市清河东路 19 号	开户银行及账号	建行清河支行 88923100

销售单位:(章)　　收款人:王海芳　　复核:宋平　　开票人:杜维

第二联:发票联 购货方记账凭证

9—2

上海市增值税专用发票

抵扣联

NO. 81002

开票日期:2010 年 12 月 11 日

购货单位	名 称	上海市杰瑞商城	纳税人登记号	11204386058
	地址、电话	上海市虹桥路 18 号	开户银行及账号	工行上海虹桥支行 22553688

货物及应税劳务名称	单位	数量	单价	金额									税率	税额								
				百	十	万	千	百	十	元	角	分		百	十	万	千	百	十	元	角	分
服装 A-1	套	20	30					6	0	0	0	0	17%					1	0	2	0	0
合 计		20					¥	6	0	0	0	0					¥	1	0	2	0	0

价税合计(大写)	×佰×拾×万×仟柒佰零贰元整	(小写)¥702.00

销货单位	名称	上海市服装厂	税务登记号	63856126
	地址、电话	上海市清河东路 19 号	开户银行及账号	建行上海清河支行 88923100

销售单位:(章)　　收款人:王海芳　　复核:宋平　　开票人:杜维

第三联:抵扣联 购货方扣税凭证

9—3

中国工商银行 进账单(收款通知) 3

2010 年 12 月 11 日　　　　NO. 0056981

出票人	全　称	上海市服装厂	持票人	全　称	上海市杰瑞商城
	账　号	88923100		账　号	22553688
	开户银行	建行清河支行		开户银行	工行上海虹桥支行

金额	人民币(大写)　柒佰零贰元整	亿	千	百	十	万	千	百	十	元	角	分
							¥	7	0	2	0	0

票据种类	转账支票	
票据张数	1	
复核　　记账		收款人开户银行签章

此联是收款人开户银行交给收款人的收账通知

9—4

商品出库单

2010 年 12 月 11 日

供应单位:上海市服装厂		服装组		进　价(元)		售　价(元)		进销差价(元)
商品类别	商品名称	单　位	数　量	单　价	金　额	单　价	金　额	
服装	A-1	套	20	30	600	60	1 200	600
合　计			20		600		1 200	600

主管:　　　　复核:　　　　制单:　　　　收货:

第二联:记账联

10—1

上海市服务业统一发票

发票联

客户名称:上海市杰瑞商城　　　　2010 年 12 月 12 日　　　　No.4946

项　目	单　位	数　量	单　价	金额 万	千	百	十	元	角	分	备注
诉讼费				8	9	3	7	8	0	0	
合计金额 人民币(大写):捌万玖仟叁佰柒拾捌元整				8	9	3	7	8	0	0	

开票人:　　　　　　　　收款人:李军

第二联:记账联

10—2

中国工商银行 **转账支票存根** **XIV223534**
附加信息：
出票日期：2010 年 12 月 12 日
收 款 人：上海中信会计师事务所
金　　额：¥89 378
用　　途：诉讼费
单位主管：　　　　会计：

11—1

山东省增值税专用发票

发票联

NO. 31501

开票日期：2010 年 12 月 13 日

购货单位	名　称	上海市杰瑞商城	纳税人登记号	11204386058
	地址、电话	上海市南京路 18 号	开户银行及账号	工行上海虹桥支行 22553688

货物及应税劳务名称	单位	数量	单价	金额									税率	税额								
				百	十	万	千	百	十	元	角	分		百	十	万	千	百	十	元	角	分
液晶电视 A-1	台	100	1 000		1	0	0	0	0	0	0	0	17%			1	7	0	0	0	0	0
液晶电视 B-2	台	200	2 000		4	0	0	0	0	0	0	0				6	8	0	0	0	0	0
液晶电视 C-1		300	3 000		9	0	0	0	0	0	0	0			1	5	3	0	0	0	0	0
合　计		450		1	4	0	0	0	0	0	0	0			2	3	8	0	0	0	0	0
价税合计(大写)	⊗壹佰陆拾叁万捌仟元整													(小写)¥1 638 000.00								

销货单位	名称	青岛海尔电视机厂	税务登记号	3338685102
	地址、电话	青岛市东风路 35 号	开户银行及账号	建行青岛东风支行 3305111069

销售单位：(章)　　收款人：张璐　　复核：吴晓雪　　开票人：李静

第二联：发票联　购货方记账凭证

11－2

山东省增值税专用发票

抵扣联

NO. 31501

开票日期：2010 年 12 月 13 日

购货单位	名　称	上海市杰瑞商城	纳税人登记号	11204386058
	地址、电话	上海市南京路 18 号	开户银行及账号	工行上海虹桥支行 22553688

货物及应税劳务名称	单位	数量	单价	金额									税率	税额								
				百	十	万	千	百	十	元	角	分		百	十	万	千	百	十	元	角	分
液晶电视 A-1	台	100	1 000		1	0	0	0	0	0	0	0	17%			1	7	0	0	0	0	0
液晶电视 B-2	台	200	2 000		4	0	0	0	0	0	0	0				6	8	0	0	0	0	0
液晶电视 C-1		300	3 000		9	0	0	0	0	0	0	0			1	5	3	0	0	0	0	0
合　计		450		1	4	0	0	0	0	0	0	0			2	3	8	0	0	0	0	0
价税合计(大写)	※壹佰陆拾叁万捌仟元整													(小写)￥1 638 000.00								

销货单位	名称	青岛海尔电视机厂	税务登记号	3338685102
	地址、电话	青岛市东风路 35 号	开户银行及账号	建行青岛东风支行 3305111069

销售单位：(章)　　收款人：张璐　　复核：吴晓雪　　开票人：李静

第三联：抵扣联　购货方扣税凭证

11－3

货物运输业增值税发票

发　票　联

NO.66891

开票日期：2012 年 12 月 13 日

购货单位或实际受票方	名　称：上海杰瑞商城 纳税人识别号：11204386058 地 址 、电 话：上海市南京路 18 号 开户行及账号：工行上海虹桥支行 22553688				密码区		
货物及应税劳务名称	规格型号	单位	数量	单价	金额	税率	税额
电视机			300		1 000	11%	1100
价税合计(大写)	壹万壹仟壹佰元整				(小写)￥11100.00		
托运人	青岛海尔电视机厂						
开票单位	名　称：中国铁路总公司青岛分公司 纳税人识别号：265-566-987 地 址 、电 话：青岛市东风路 35 号(36581563) 开户行及账号：建行青岛东风支行 3305111069				备　注		

收款人：李米　　复核：金月　　开票人：黄一川　　开票单位：中国铁路总公司青岛分公司

第一联：发票联　购货方记账凭证

11—4

货物运输业增值税发票

抵扣联

NO.66891

开票日期:2012年12月13日

购货单位或实际受票方	名 称:上海杰瑞商城 纳税人识别号:11204386058 地 址 、电 话:上海市南京路18号 开户行及账号:工行上海虹桥支行 22553688				密码区		
货物及应税劳务名称	规格型号	单位	数量	单价	金额	税率	税额
电视机			300		1 000	11%	1100
价税合计(大写)	壹万壹仟壹佰元整				(小写)¥11100.00		
托运人	青岛海尔电视机厂						
开票单位	名 称:中国铁路总公司青岛分公司 纳税人识别号:265-566-987 地 址 、电 话:青岛市东风路35号(36581563) 开户行及账号:建行青岛东风支行 3305111069				备 注		

收款人:李米 复核:金月 开票人:黄一川 开票单位:中国铁路总公司青岛分公司

第二联:抵扣联 购货方扣税凭证

11—5

中国工商银行 电汇凭证(付账通知)

委托日期2010年12月15日

NO.008321

汇款人	全 称	上海市杰瑞商城		收款人	全 称	青岛海尔电视机厂	
	账 号或住址	工行上海虹桥支行 22553688			账 号或住址	建行青岛东风支行 3305111069	
	汇 出地 点	上海市 县	汇出行名 称:上海虹桥支行		汇入地点	山东省青岛市 县	汇入行名 称:建行东风支行

金额	人民币(大写) 壹佰陆拾肆万捌仟元整	亿	千	百	十	万	千	百	十	元	角	分
			¥	1	6	4	8	0	0	0	0	0

汇款用途:货款

上列款项已根据委托办理,如需查询,请持回单来行面洽

单位主管 会计 复核 记账

汇出行盖章

中国工商银行上海虹桥支行 2010.12.15 转讫

年 月 日

此联是汇出行交给汇款人的付账通知

11—6

商品验收入库单

2010年12月15日

供应单位:上海市服装厂		服装组		进 价(元)		售 价(元)		进销差价
商品类别	商品名称	单 位	数 量	单 价	金 额	单 价	金 额	
电视机	A-1	台	100	1 000	100 000	1 500	150 000	30 000
电视机	B-1	台	200	2 000	400 000	3 000	600 000	60 000
电视机	C-1	台	300	3 000	900 000	4 500	1 350 000	60 000
			600		1 400 000		2 100 000	700 000

第二联:记账联

主管: 复核: 制单: 收货:

12—1

包装物出库单

2010年12月14日

用 途:出租

材料类别	材料名称	单 位	数 量		单 价(元)	金 额(元)	备注
			请 领	实 领			
周转材料	包装箱	只	100	100	58.00	5 800	
合 计			100	100	58.00	5 800	

第二联:记账联

主管: 会计: 保管员: 经手人:

12－2

中国工商银行进账单(收款通知) 3

2010年12月14日 NO. 0056982

出票人	全称	银华公司	持票人	全称	上海市杰瑞商城
	账号	245-633-998		账号	22553688
	开户银行	上海市工行泰山办		开户银行	工行上海虹桥支行
金额	人民币(大写) 伍仟捌佰元整		亿千百十万千百十元角分	¥580000	
票据种类	转账支票				
票据张数	1				
复核 记账			收款人开户银行签章		

中国工商银行上海虹桥支行 2010.12.14 转讫

此联是收款人开户银行交给收款人的收账通知

13－1

中国工商银行

现金支票存根

XIV113251

附加信息：

出票日期:2010年12月15日

收 款 人:上海市杰瑞商城

金 额:¥149 541.04

用 途:发放工资

单位主管： 会计：

之印

13－2

11月份工资结算汇总表

单位:元

部门	基本工资	奖金	岗位津贴	伙食补贴	交通费	洗理费	事假	病假	应付工资	个人所得税	养老统筹	医疗统筹	失业统筹	住房公积金	实发工资
行政	26 850	15 230	1 140	560	480	480	20	40	44 680	172	2 234	893.60	446.80	3 574.40	37 359.20
服装	28 640	16 326	1 520	840	1 200	1 200	56	90	49 580	186	2 479	991.60	495.80	3 966.40	41 461.20
家电	22 520	13 472	1 220	620	800	800	30	56	39 346	136	1 967.30	786.92	393.46	3 147.68	32 914.64
百货	19 060	10 640	1 040	420	640	640	20	30	32 390	84	1 619.50	647.80	323.90	2 591.20	27 123.60
仓库	8 430	3 036	540	300	240	240	10	16	12 760	36	638	255.20	127.60	1 020.80	10 682.40
合计	105 500	58 704	5 460	2 740	3 360	3 360	136	232	178 756	614	8 937.80	3 575.12	1 787.56	14 300.48	149 541.00

14—1

商品销售收入汇总表

编制单位:上海市杰瑞商城　　2010 年 12 月 15 日　　单位:元

商品编号 缴款单位	销货金额	结算方式		备注
		库存现金	支票	
服装组	207 400	207 400		
家电组	192 900	192 900		
百货组	46 320	46 320		
合　计	446 620	446 620		

14—2

现金存款凭证(回单)

交款日期:2010 年 12 月 15 日　　第　1　号

收款单位名称	上海市杰瑞商城	款项来源	销货款
交款部门	服装组	收款单位账户	22553688
		收款单位开户行	工商银行上海虹桥支行

人民币(大写)	百	十	万	千	百	十	元	角	分
贰拾万柒仟肆佰元整	￥	2	0	7	4	0	0	0	0

券别	捆数	张数	金额	券别	捆数	张数	金额	券别	捆数	张数	金额	上列款项收讫无误
壹佰元	20	100	200 000	伍元								
伍拾元	6	20	6 000	壹元								收款员
贰拾元		60	1 200	五角								
拾元		20	200	壹角								

收款复核:　　收款员:

14—3

现金存款凭证(回单)

交款日期:2010 年 12 月 15 日　　第　2　号

收款单位名称	上海市杰瑞商城	款项来源	销货款
交款部门	家电组	收款单位账户	22553688
		收款单位开户行	工商银行上海虹桥支行

人民币(大写)	百	十	万	千	百	十	元	角	分
壹拾玖万贰仟玖佰元整	￥	1	9	2	9	0	0	0	0

券别	捆数	张数	金额	券别	捆数	张数	金额	券别	捆数	张数	金额	上列款项收讫无误
壹佰元	18	100	180 000	伍元								
伍拾元	12	20	12 000	壹元								
贰拾元		40	800	五角								
拾元		10	100	壹角								收款员

收款复核:　　收款员:

14－4

现金存款凭证(回单)

交款日期:2010 年 12 月 15 日　　　　第 3 号

收款单位名称	上海市杰瑞商城	款项来源	销货款
交款部门	百货部	收款单位账户	22553688
		收款单位开户行	工商银行上海虹桥支行

人民币（大写） 肆万陆仟叁佰贰拾元整	十	万	千	百	十	元	角	分
	¥	4	6	3	2	0	0	0

券别	捆数	张数	金额	券别	捆数	张数	金额	券别	捆数	张数	金额	
壹佰元	4	100	40 000	伍元								上列款项收讫无误
伍拾元	6	20	6 000	壹元								
贰拾元		10	200	五角								
拾元		12	120	壹角								收款员

中国工商银行上海虹桥支行 2010.12.15 现金收讫 (01)

收款复核:　　　　收款员:

14－5

零售商品进销存汇总表

2010 年 12 月 15 日　　　　编号:3

柜组		今日增加					今日减少					
	昨日结存	购进	调入	调价增值	盘点溢余	合计	销售	调出	调价减值	削价	盘点短缺	合计	今日结存
服装组													
家电组													
百货组													

会计主管:　　　　复核:　　　　制单:

15－1

上海市定额专用发票(共 5 456 元)

全国统一发票监制章 国家税务局监制

发票联

发票号 2010123155556980000　　　　兑奖区

密码

税务登记号:

付款单位(个人):

经营项目:

芙蓉湘大酒店 财务专用章

壹 佰 元

收款单位(盖章有效)　　　　发票号 2010123155556980000

开票日期 2010 年 12 月 16 日

15—2

中国工商银行 **转账支票存根** **XIV223535**
附加信息：
出票日期：2010 年 12 月 16 日
收 款 人：芙蓉湘大酒店
金　　额：¥5 456.00
用　　途：餐费
单位主管：　　　　　会计：

16—1

广东省增值税专用发票

发票联

NO. 28001

开票日期：2010 年 12 月 17 日

<table>
<tr><td rowspan="2">购货单位</td><td>名　称</td><td colspan="3">上海市杰瑞商城</td><td colspan="9">纳税人登记号</td><td colspan="10">11204386058</td></tr>
<tr><td>地址、电话</td><td colspan="3">上海市南京路 18 号</td><td colspan="9">开户银行及账号</td><td colspan="10">工行上海虹桥支行 22553688</td></tr>
<tr><td colspan="2" rowspan="2">货物及应税劳务名称</td><td rowspan="2">单位</td><td rowspan="2">数量</td><td rowspan="2">单价</td><td colspan="9">金　额</td><td rowspan="2">税率</td><td colspan="9">税　额</td></tr>
<tr><td>百</td><td>十</td><td>万</td><td>千</td><td>百</td><td>十</td><td>元</td><td>角</td><td>分</td><td>百</td><td>十</td><td>万</td><td>千</td><td>百</td><td>十</td><td>元</td><td>角</td><td>分</td></tr>
<tr><td colspan="2">服装 D-1</td><td>件</td><td>200</td><td>150</td><td></td><td></td><td>3</td><td>0</td><td>0</td><td>0</td><td>0</td><td>0</td><td>0</td><td>17%</td><td></td><td></td><td></td><td>5</td><td>1</td><td>0</td><td>0</td><td>0</td><td>0</td></tr>
<tr><td colspan="2">服装 E-1</td><td>件</td><td>200</td><td>170</td><td></td><td></td><td>3</td><td>4</td><td>0</td><td>0</td><td>0</td><td>0</td><td>0</td><td></td><td></td><td></td><td></td><td>5</td><td>7</td><td>8</td><td>0</td><td>0</td><td>0</td></tr>
<tr><td colspan="2">服装 F-1</td><td>件</td><td>200</td><td>190</td><td></td><td></td><td>3</td><td>8</td><td>0</td><td>0</td><td>0</td><td>0</td><td>0</td><td></td><td></td><td></td><td></td><td>6</td><td>4</td><td>6</td><td>0</td><td>0</td><td>0</td></tr>
<tr><td colspan="2">合　计</td><td></td><td>600</td><td></td><td>¥</td><td>1</td><td>0</td><td>2</td><td>0</td><td>0</td><td>0</td><td>0</td><td>0</td><td></td><td></td><td>¥</td><td>1</td><td>7</td><td>3</td><td>4</td><td>0</td><td>0</td><td>0</td></tr>
<tr><td colspan="2">价税合计(大写)</td><td colspan="22">×佰壹拾壹万玖仟叁佰肆拾元整　　　　(小写)¥119 340.00</td></tr>
<tr><td rowspan="2">销货单位</td><td>名称</td><td colspan="3">广州贸易中心</td><td colspan="9">税务登记号</td><td colspan="10">7503822505</td></tr>
<tr><td>地址、电话</td><td colspan="3">广州市中山路 28 号</td><td colspan="9">开户银行及账号</td><td colspan="10">中行中山支行 22113397068</td></tr>
</table>

第二联：发票联 购货方记账凭证

销售单位：(章)　　　收款人：王吉真　　　复核：朱莹莹　　　开票人：宋静

16—2

广东省增值税专用发票

抵扣联

NO. 28001

开票日期：2010 年 12 月 17 日

购货单位	名　称	上海市杰瑞商城	纳税人登记号	11204386058
	地址、电话	上海市南京路 18 号	开户银行及账号	工行上海虹桥支行 22553688

货物及应税劳务名称	单位	数量	单价	金额									税率	税额								
				百	十	万	千	百	十	元	角	分		百	十	万	千	百	十	元	角	分
服装 D-1	件	200	150			3	0	0	0	0	0	0	17%				5	1	0	0	0	0
服装 E-1	件	200	170			3	4	0	0	0	0	0					5	7	8	0	0	0
服装 F-1	件	200	190			3	8	0	0	0	0	0					6	4	6	0	0	0
合　计		600		¥	1	0	2	0	0	0	0	0			¥	1	7	3	4	0	0	0
价税合计（大写）	×佰壹拾壹万玖仟叁佰肆拾元整													（小写）¥119 340.00								

销货单位	名称	广州贸易中心	税务登记号	7503822505
	地址、电话	广州市中山路 28 号	开户银行及账号	中行中山支行 22113397068

销售单位：（章）　　收款人：王吉真　　复核：朱莹莹　　开票人：宋静

第三联：抵扣联　购货方扣税凭证

16—3

货物运输业增值税发票

发票联

NO.69891

开票日期：2012 年 12 月 17 日

购货单位或实际受票方	名　　称：上海杰瑞商城 纳税人识别号：11204386058 地 址 、电 话：上海市南京路 18 号 开户行及账号：工行虹桥支行 22553688				密码区		
货物及应税劳务名称	规格型号	单位	数量	单价	金额	税率	税额
服装			600		3 000	11%	330
价税合计（大写）	叁仟叁佰叁拾元整				（小写）¥3330.00		
托运人	广州贸易中心						
开票单位	名　　称：中国铁路总公司广州分公司 纳税人识别号：265-0103438566-987 地 址 、电 话：广州市中山路 28 号（20311766） 开户行及账号：农行广州市中山路分理处 821-658-691				备　注		

收款人：李安　　复核：春晓　　开票人：胡佑　　开票单位：中国铁路总公司广州分公司

第一联：发票联　购货方记账凭证

16－4

货物运输业增值税发票

抵 扣 联

NO.69891

开票日期:2012 年 12 月 17 日

购货单位或实际受票方	名　　　称:上海杰瑞商城 纳税人识别号:11204386058 地 址 、电 话:上海市南京路 18 号 开户行及账号:工行虹桥支行 22553688				密码区		
货物及应税劳务名称	规格型号	单位	数量	单价	金额	税率	税额
服装			600		3 000	11%	330
价税合计(大写)	叁仟叁佰叁拾元整				(小写)¥3330.00		
托运人	广州贸易中心						
开票单位	名　　　称:中国铁路总公司广州分公司 纳税人识别号:265-0103438566-987 地 址 、电 话:广州市中山路 28 号(20311766) 开户行及账号:农行广州市中山路分理处 821-658-691				备　注		

收款人:李安　　复核:春晓　　开票人:胡佑　　开票单位:中国铁路总公司广州分公司

第二联：抵扣联 购货方扣税凭证

16－5

商 品 验 收 入 库 单

2010 年 12 月 17 日

供应单位:上海市服装厂		服装组		进　价		售　价		进销差价
商品类别	商品名称	单　位	数　量	单　价	金　额	单　价	金　额	
服装	D-1	件	200	150	30 000	375	75 000	45 000
服装	E-1	件	200	170	34 000	510	102 000	68 000
服装	F-1	件	200	190	38 000	608	121 600	83 600
			600		102 000		298 000	196 600

主管:　　复核:　　制单:　　收货:

第二联：记账联

16—6

银行承兑汇票 2

出票日期 贰零壹零年壹拾贰月壹拾柒日　　　　第 5970 号

<table>
<tr><td rowspan="3">付款人</td><td>全　称</td><td colspan="3">上海市杰瑞商城</td><td rowspan="3">收款人</td><td>全　称</td><td colspan="3">广州贸易中心</td></tr>
<tr><td>账　号
或住址</td><td colspan="3">22553688</td><td>账　号
或住址</td><td colspan="3">22113397068</td></tr>
<tr><td>汇　出
地　点</td><td>上海市县</td><td>汇出行
名　称</td><td>工行上海
虹桥支行</td><td>汇出
地点</td><td>广东省广州市县</td><td>汇出行
名　称</td><td>中行广州
中山支行</td></tr>
<tr><td colspan="2">出票金额</td><td colspan="4">人民币
（大写）　壹拾贰万贰仟叁佰肆拾元整</td><td colspan="4">亿 千 百 十 万 千 百 十 元 角 分
　　 ¥ 1 2 2 3 4 0 0 0</td></tr>
<tr><td colspan="2">汇票到期日</td><td colspan="4">2011 年 3 月 20 日</td><td colspan="3">交易合同号码</td><td>2568</td></tr>
<tr><td colspan="6">本汇票已经承兑，到期无条件支付票款
承兑人签章
承兑日期 2010 年 12 月 17 日</td><td colspan="4">本汇票请予以承兑于到期日付款
出票人签章</td></tr>
</table>

中国工商银行上海虹桥支行 2010.12.17 转讫

此联是持票人开户行寄付款人开户行作借方凭证

17—1

商品销售收入汇总表

编制单位：上海市杰瑞商城　　　　2010 年 12 月 20 日　　　　单位：元

商品编号 缴款单位	销货金额	结算方式		备注
		库存现金	支票	
服装组	232 600	232 600		
家电组	147 080	147 080		
百货组	30 240	30 240		
合　计	409 920	409 920		

17—2

现金存款凭证(回单)

交款日期:2010 年 12 月 20 日　　　　第 1 号

收款单位名称	上海市杰瑞商城	款项来源	销货款
交款部门	服装组	收款单位账户	22553688
		收款单位开户行	工商银行上海虹桥支行

人民币（大写）	百	十	万	千	百	十	元	角	分
贰拾叁万贰仟陆佰元整	¥	2	3	2	6	0	0	0	0

券别	捆数	张数	金额	券别	捆数	张数	金额	券别	捆数	张数	金额	上列款项收讫无误
壹佰元	22	100	220 000	伍元								
伍拾元	12	20	12 000	壹元								收款员
贰拾元		20	400	五角								
拾元		20	200	壹角								

中国工商银行上海虹桥支行
2010.12.20
现金收讫
(01)

收款复核:　　　　　　　　收款员:

17—3

现金存款凭证(回单)

交款日期:2010 年 12 月 20 日　　　　第 2 号

收款单位名称	上海市杰瑞商城	款项来源	销货款
交款部门	家电组	收款单位账户	22553688
		收款单位开户行	工商银行上海虹桥支行

人民币（大写）	百	十	万	千	百	十	元	角	分
壹拾肆万柒仟零捌拾元整	¥	1	4	7	0	8	0	0	0

券别	捆数	张数	金额	券别	捆数	张数	金额	券别	捆数	张数	金额	上列款项收讫无误
壹佰元	14	100	140 000	伍元								
伍拾元	6	20	6 000	壹元								收款员
贰拾元		40	800	五角								
拾元		28	280	壹角								

中国工商银行上海虹桥支行
2010.12.20
现金收讫
(01)

收款复核:　　　　　　　　收款员:

17—4

现金存款凭证(回单)

交款日期:2010年12月20日　　　　第 3 号

收款单位名称	上海杰瑞商城	款项来源	销货款
交款部门	百货组	收款单位账户	22553688
		收款单位开户行	工商银行上海虹桥支行

人民币(大写)	十	万	千	百	十	元	角	分
叁万零贰佰肆拾元整	¥	3	0	2	4	0	0	0

券别	捆数	张数	金额	券别	捆数	张数	金额	券别	捆数	张数	金额	上列款项收讫无误
壹佰元	2	100	20 000	伍元								
伍拾元	10	20	10 000	壹元								收款员
贰拾元		10	200	五角								
拾元		4	40	壹角								

(印章:中国工商银行上海虹桥支行 2010.12.20 现金收讫 (01))

收款复核:　　　　收款员:

17—5

零售商品进销存汇总表

2010年12月20日　　　　编号:4

柜组	昨日结存	今日增加					今日减少						今日结存
		购进	调入	调价增值	盘点溢余	合计	销售	调出	调价减值	削价	盘点短缺	合计	
服装组													
家电组													
百货组													

会计主管:　　　　复核:　　　　制单:

18—1

上海市零售业统一发票

发票联

客户名称：上海杰瑞商城　　2010年12月21日　　No.4946

项目	单位	数量	单价	金额 万	千	百	十	元	角	分	备注
办公用品		10	139		1	3	9	0	0	0	
合计金额 人民币：壹仟叁佰玖拾元整				¥	1	3	9	0	0	0	

第二联：记账联

开票人：上海大百润商场　　收款人：李军

18—2

支出凭单

2010年12月21日　　第　号

即付　企管科定额备用金

款

计人民币：壹仟叁佰玖拾元整　　¥1 390.00

领款人：肖海

会计		出纳	

19—1

中国工商银行

现金支票存根

XIV113252

附加信息：

出票日期：2010年12月22日

收 款 人：上海市杰瑞商城

金　　额：¥3 000.00

用　　途：备用金

单位主管：　　会计：

20－1

借 据

2010 年 12 月 22 日

借款单位:供应科

借款金额	肆仟肆佰元整		¥4 400.00
借款事由	采购商品		
领导批示	财务负责人	借款部门负责人	借款人
刘军	高金	李海洋	王宇

21－1

上海市增值税发票

发票联

NO. 29001

开票日期:2010 年 12 月 22 日

购货单位	名 称	上海市杰瑞商城		纳税人登记号									11204386058									
	地址、电话	上海市南京路 18 号		开户银行及账号									工行上海虹桥支行 22553688									
货物及应税劳务名称		单位	数量	单价	金额								税率	税额								
					百	十	万	千	百	十	元	角	分		百	十	万	千	百	十	元	角	分
百货 A-1		箱	200	150			3	0	0	0	0	0	0	17%				5	1	0	0	0	0
百货 B-1		箱	200	200			4	0	0	0	0	0	0					6	8	0	0	0	0
百货 C-1		箱	200	180			3	6	0	0	0	0	0					6	1	2	0	0	0
合 计			600		¥	1	0	6	0	0	0	0	0			¥	1	8	0	2	0	0	0
价税合计(大写)		×佰壹拾贰万肆仟零贰拾元整									(小写)¥124 020.00											
销货单位	名称	上海市百货公司		税务登记号									5703822506									
	地址、电话	上海市徐汇路 35 号		开户银行及账号									中行上海徐汇支行 334265970									

第二联:发票联 购货方记账凭证

销售单位:(章) 收款人:唐诗佳 复核:程雨 开票人:王娟

21—2

上海市增值税专用发票

抵扣联

NO. 29001

开票日期:2010 年 12 月 22 日

购货单位	名　称	上海市杰瑞商城	纳税人登记号	11204386058
	地址、电话	上海市南京路 18 号	开户银行及账号	工行上海虹桥支行 22553688

货物及应税劳务名称	单位	数量	单价	金额									税率	税额								
				百	十	万	千	百	十	元	角	分		百	十	万	千	百	十	元	角	分
百货 A-1	箱	200	150			3	0	0	0	0	0	0	17%				5	1	0	0	0	0
百货 B-1	箱	200	200			4	0	0	0	0	0	0					6	8	0	0	0	0
百货 C-1	箱	200	180			3	6	0	0	0	0	0					6	1	2	0	0	0
合　计		600		¥	1	0	6	0	0	0	0	0			¥	1	8	0	2	0	0	0

价税合计(大写)	⊗佰壹拾贰万肆仟零贰拾元整	(小写)¥124 020.00		
销货单位	名称	上海市百货公司	税务登记号	5703822506
	地址、电话	上海市徐汇路 35 号	开户银行及账号	中行徐汇支行 334265970

第三联：抵扣联　购货方扣税凭证

销售单位:(章)　　收款人:唐诗佳　　复核:程雨　　开票人:王娟

21—3

商 品 验 收 入 库 单

2010 年 12 月 22 日

供应单位:上海市百货公司		百货部		进　价		售　价		进销差价
商品类别	商品名称	单　位	数　量	单　价	金　额	单　价	金　额	
百货	A-1	箱	200	150	30 000	210	42 000	12 000
百货	B-1	箱	202	200	40 400	280	56 560	16 160
百货	C-1	箱	200	180	36 000	252	50 400	14 400
			600		106 400		148 960	42 560

第二联：记账联

主管:　　复核:　　制单:　　收货:

21—4

商 品 购 进 溢 余 短 缺 单

2010 年 12 月 22 日

供应单位:上海市百货公司			百货部		溢　余		短　缺	
商品名称	单位	单价	应收数量	实收	数量	金额	数量	金额
百货 B-1	箱	200	200	202	2	400		
处理意见:溢余短缺原因待查				202	2	400		

21—5

<table>
<tr><td>中国工商银行
转账支票存根
XIV223536
附加信息：</td></tr>
<tr><td></td></tr>
<tr><td>出票日期：2010 年 12 月 22 日</td></tr>
<tr><td>收 款 人：上海市百货公司</td></tr>
<tr><td>金　　额：¥124 020</td></tr>
<tr><td>用　　途：货款</td></tr>
<tr><td>单位主管：　　　　会计：</td></tr>
</table>

22—1

上海市增值税专用发票

发票联

NO. 28001

开票日期：2010 年 12 月 22 日

<table>
<tr><td rowspan="2">购货单位</td><td>名　称</td><td colspan="4">上海市杰瑞商城</td><td colspan="9">纳税人登记号</td><td colspan="10">11204386058</td></tr>
<tr><td>地址、电话</td><td colspan="4">上海市南京路 18 号</td><td colspan="9">开户银行及账号</td><td colspan="10">工行上海虹桥支行 22553688</td></tr>
<tr><td colspan="2" rowspan="2">货物及应税劳务名称</td><td rowspan="2">单位</td><td rowspan="2">数量</td><td rowspan="2">单价</td><td colspan="9">金　额</td><td rowspan="2">税率</td><td colspan="9">税　额</td></tr>
<tr><td>百</td><td>十</td><td>万</td><td>千</td><td>百</td><td>十</td><td>元</td><td>角</td><td>分</td><td>百</td><td>十</td><td>万</td><td>千</td><td>百</td><td>十</td><td>元</td><td>角</td><td>分</td></tr>
<tr><td colspan="2">百货 B-1</td><td>箱</td><td>2</td><td>200</td><td></td><td></td><td></td><td></td><td>4</td><td>0</td><td>0</td><td>0</td><td>0</td><td>17%</td><td></td><td></td><td></td><td></td><td></td><td>6</td><td>8</td><td>0</td><td>0</td></tr>
<tr><td colspan="2"></td><td></td><td></td><td></td><td></td><td></td><td></td><td></td><td></td><td></td><td></td><td></td><td></td><td></td><td></td><td></td><td></td><td></td><td></td><td></td><td></td><td></td><td></td></tr>
<tr><td colspan="2"></td><td></td><td></td><td></td><td></td><td></td><td></td><td></td><td></td><td></td><td></td><td></td><td></td><td></td><td></td><td></td><td></td><td></td><td></td><td></td><td></td><td></td><td></td></tr>
<tr><td colspan="2">合　计</td><td></td><td>2</td><td>200</td><td></td><td></td><td></td><td>¥</td><td>4</td><td>0</td><td>0</td><td>0</td><td>0</td><td></td><td></td><td></td><td></td><td></td><td>¥</td><td>6</td><td>8</td><td>0</td><td>0</td></tr>
<tr><td colspan="2">价税合计(大写)</td><td colspan="23">×佰×拾×万×仟肆佰陆拾捌元整　　　　(小写)¥468.00</td></tr>
<tr><td rowspan="2">销货单位</td><td>名称</td><td colspan="4">上海市百货公司</td><td colspan="9">税务登记号</td><td colspan="10">5703822506</td></tr>
<tr><td>地址、电话</td><td colspan="4">上海市徐汇路 35 号</td><td colspan="9">开户银行及账号</td><td colspan="10">中行徐汇支行 334265970</td></tr>
</table>

第二联：发票联　购货方记账凭证

销售单位：(章)　　收款人：唐诗佳　　复核：程雨　　开票人：王娟

22－2

上海市增值税专用发票

抵扣联

NO. 28001

开票日期：2010 年 12 月 22 日

购货单位	名称	上海市杰瑞商城		纳税人登记号	11204386058
	地址、电话	上海市南京路 18 号		开户银行及账号	工行上海虹桥支行 22553688

货物及应税劳务名称	单位	数量	单价	金额									税率	税额								
				百	十	万	千	百	十	元	角	分		百	十	万	千	百	十	元	角	分
百货 B-1	箱	2	200					4	0	0	0	0	17%						6	8	0	0
合计		2	200				¥	4	0	0	0	0						¥	6	8	0	0
价税合计(大写)	×佰×拾×万×仟肆佰陆拾捌元整													(小写)¥468.00								

销货单位	名称	上海市百货公司	税务登记号	5703822506
	地址、电话	上海市徐汇路 35 号	开户银行及账号	中行上海徐汇支行 334265970

销售单位：(章)　　收款人：唐诗佳　　复核：程雨　　开票人：王娟

第三联：抵扣联　购货方扣税凭证

22－3

中国工商银行

转账支票存根

XIV223537

附加信息：

出票日期：2010 年 12 月 22 日

收 款 人：上海市百货公司

金　　额：¥468.00

用　　途：溢余商品购货款

单位主管：　　会计：

23—1

上海市增值税专用发票

发票联

NO. 29001

开票日期:2010 年 12 月 24 日

购货单位	名　称	上海市杰瑞商城	纳税人登记号	11204386058
	地址、电话	上海市南京路 18 号	开户银行及账号	工行上海虹桥支行 22553688

货物及应税劳务名称	单位	数量	单价	金额									税率	税额								
				百	十	万	千	百	十	元	角	分		百	十	万	千	百	十	元	角	分
包装箱	箱	220	58			1	2	7	6	0	0	0	17%				2	1	6	9	2	0
合　计		220			¥	1	2	7	6	0	0	0				¥	2	1	6	9	2	0
价税合计(大写)	×佰×拾壹万肆仟玖佰贰拾玖元贰角整													(小写)¥14 929.20								

销货单位	名称	上海市永清包装制品厂	税务登记号	9378822536
	地址、电话	上海西三东路 29 号	开户银行及账号	浦发银行上海西三支行 3341609314

销售单位:(章)　　收款人:郑海欧　　复核:李月　　开票人:梁爽

第二联:发票联　购货方记账凭证

23—2

上海市增值税专用发票

抵扣联

NO. 29001

开票日期:2010 年 12 月 24 日

购货单位	名　称	上海市杰瑞商城	纳税人登记号	11204386058
	地址、电话	上海市南京路 18 号	开户银行及账号	工行上海虹桥支行 22553688

货物及应税劳务名称	单位	数量	单价	金额									税率	税额								
				百	十	万	千	百	十	元	角	分		百	十	万	千	百	十	元	角	分
包装箱	箱	220	58			1	2	7	6	0	0	0	17%				2	1	6	9	2	0
合　计		220			¥	1	2	7	6	0	0	0				¥	2	1	6	9	2	0
价税合计(大写)	×佰×拾壹万肆仟玖佰贰拾玖元贰角整													(小写)¥14 929.20								

销货单位	名称	上海市永清包装制品厂	税务登记号	9378822536
	地址、电话	上海西三东路 29 号	开户银行及账号	浦发银行上海西三支行 3341609314

销售单位:(章)　　收款人:郑海欧　　复核:李月　　开票人:梁爽

第三联:抵扣联　购货方扣税凭证

23—3

存货验收入库单

2010 年 12 月 24 日　　　　单位:元

供应单位：上海市百货公司						备注
存货类别	商品名称	单　位	数　量	单　价	金　额	
周转材料	包装箱	个	220	58	12 760	入库
			220		12 760	

主管：　　复核：　　制单：　　收货：

23—4

中国工商银行

转账支票存根

XIV223538

附加信息：

出票日期:2010 年 12 月 22 日

收 款 人:上海市永清包装制品厂

金　　额:￥14 929.2

用　　途:货款

单位主管：　　会计：

之印

24—1

商品调整价格盘点表

2010 年 12 月 24 日　　　　单位:元

单位：上海市杰瑞商城		家电组		原售价	新售价	增　减	增值金额	减值金额
商品类别	商品名称	单　位	数　量	单　价				
家电	电视机 A-1	台	60	1 500	1 300	−200		12 000
家电	电视机 B-1	台	40	3 000	2 800	−200		8 000
家电	电视机 C-1	台	60	4 500	4 300	−200		12 000
			160					32 000

柜组主管：　　柜组核算员：　　制单：　　复核：

25—1

商品销售收入汇总表

编制单位：上海市杰瑞商城　　　　2010 年 12 月 25 日　　　　单位：元

商品编号 缴款单位	销货金额	结算方式		备注
		库存现金	支票	
服装组	247 200	247 200		
家电组	212 700	212 700		
百货组	55 730	55 730		
合　计	515 630	515 630		

25—2

现金存款凭证(回单)

交款日期：2010 年 12 月 25 日　　　　第　1　号

收款单位名称	上海市杰瑞商城	款项来源	销货款
交款部门	服装组	收款单位账户	22553688
		收款单位开户行	工商银行上海虹桥支行

人民币（大写）	百	十	万	千	百	十	元	角	分
贰拾肆万柒仟贰佰元整	¥	2	4	7	2	0	0	0	0

券别	捆数	张数	金额	券别	捆数	张数	金额	券别	捆数	张数	金额	上列款项收讫无误
壹佰元	24	100	240 000	伍元								
伍拾元	6	20	6 000	壹元								收款员
贰拾元		30	600	五角								
拾元		60	600	壹角								

收款复核：　　　　　　　　收款员：

25—3

现金存款凭证(回单)

交款日期:2010 年 12 月 25 日　　　　第 2 号

收款单位名称	上海市杰瑞商城	款项来源	销货款
交款部门	家电组	收款单位账户	22553688
		收款单位开户行	工商银行上海虹桥支行

人民币(大写)	百	十	万	千	百	十	元	角	分
贰拾壹万贰仟柒佰元整	¥	2	1	2	7	0	0	0	0

券别	捆数	张数	金额	券别	捆数	张数	金额	券别	捆数	张数	金额	上列款项收讫无误
壹佰元	20	100	200 000	伍元								
伍拾元	12	20	12 000	壹元								收款员
贰拾元		30	600	五角								
拾元		10	100	壹角								

中国工商银行上海虹桥支行 2010.12.25 现金收讫 (01)

收款复核:　　　　　　　　收款员:

25—4

现金存款凭证(回单)

交款日期:2010 年 12 月 25 日　　　　第 3 号

收款单位名称	上海市杰瑞商城	款项来源	销货款
交款部门	百货组	收款单位账户	22553688
		收款单位开户行	工商银行上海虹桥支行

人民币(大写)	十	万	千	百	十	元	角	分
伍万伍仟柒佰叁拾元整	¥	5	5	7	3	0	0	0

券别	捆数	张数	金额	券别	捆数	张数	金额	券别	捆数	张数	金额	上列款项收讫无误
壹佰元	4	100	40 000	伍元								
伍拾元	14	20	14 000	壹元								收款员
贰拾元		60	1 200	五角								
拾元		53	530	壹角								

中国工商银行上海虹桥支行 2010.12.25 现金收讫 (01)

收款复核:　　　　　　　　收款员:

25—4

零售商品进销存汇总表

2010 年 12 月 25 日　　　　编号:5

柜组		今日增加					今日减少						
	昨日结存	购进	调入	调价增值	盘点溢余	合计	销售	调出	调价减值	削价	盘点短缺	合计	今日结存
服装组													
家电组													
百货组													

会计主管:　　　　复核:　　　　制单:

26—1

上海市增值税专用发票

发票联

NO. 12001

开票日期:2010 年 12 月 27 日

购货单位	名　称	上海杰瑞商城	纳税人登记号	11204386058
	地址、电话	上海市南京路 18 号	开户银行及账号	工行上海虹桥支行 22553688

货物及应税劳务名称	单位	数量	单价	金额 百	十	万	千	百	十	元	角	分	税率	税额 百	十	万	千	百	十	元	角	分
水费	吨					2	6	4	0	0	0	0	13%				3	4	3	2	0	0
合　计					¥	2	6	4	0	0	0	0				¥	3	4	3	2	0	0

价税合计(大写)	×佰×拾贰万玖仟捌佰叁拾贰元整	(小写)¥29 832

销货单位	名称	上海市自来水公司	税务登记号	63856126
	地址、电话	上海清河东路 19 号	开户银行及账号	建行上海清河支行 88923100

销售单位:(章)　　收款人:周海叶　　复核:王娟　　开票人:王楠楠

第二联:发票联　购货方记账凭证

26－2

上海市增值税专用发票

抵扣联

NO. 12001

开票日期：2010 年 12 月 27 日

购货单位	名　称	上海市杰瑞商城	纳税人登记号	11204386058
	地址、电话	上海市南京路 18 号	开户银行及账号	工行上海虹桥支行 22553688

货物及应税劳务名称	单位	数量	单价	金额									税率	税额								
				百	十	万	千	百	十	元	角	分		百	十	万	千	百	十	元	角	分
水费	吨					2	6	4	0	0	0	0	13%				3	4	3	2	0	0
合　计					¥	2	6	4	0	0	0	0				¥	3	4	3	2	0	0

价税合计（大写）　×佰×拾贰万玖仟捌佰叁拾贰元整　　（小写）¥29 832.00

销货单位	名称	上海市自来水公司	税务登记号	63856126
	地址、电话	上海清河东路 19 号	开户银行及账号	建行上海清河支行 88923100

销售单位：（章）　收款人：周海叶　复核：王娟　开票人：王楠楠

第三联：抵扣联　购货方扣税凭证

26－3

中国工商银行委托收款凭证（付款通知）　5

第 098571 号

委托日期　2010 年 12 月 27 日

付款人	全　称	上海市杰瑞商城	收款人	全　称	上海市自来水公司		
	账号或住址	22553688		账号或住址	88923100		
	开户银行	工行上海虹桥支行		开户银行	建行上海清河支行	行号	544

委收金额	人民币（大写）　贰万玖仟捌佰叁拾贰元整	亿	千	百	十	万	千	百	十	元	角	分
					¥	2	9	8	3	2	0	0

款项内容	水费	委托收款凭据名称	收据	附寄单证张数	1
备注：	款项收妥日期 2010 年 12 月 27 日		付款人开户银行盖章 2010 年 12 月 27 日		

此联是收款人开户行给付款人的付账通知

27—1

上海市增值税专用发票

发票联

NO. 15001

开票日期:2010 年 12 月 27 日

购货单位	名 称	上海市杰瑞商城	纳税人登记号	11204386058
	地址、电话	上海市南京路 18 号	开户银行及账号	工行上海虹桥支行 22553688

货物及应税劳务名称	单位	数量	单价	金额 百	十	万	千	百	十	元	角	分	税率	税额 百	十	万	千	百	十	元	角	分
电费	度				1	0	5	2	0	0	0	0	17%			1	7	8	8	4	0	0
合 计				¥	1	0	5	2	0	0	0	0			¥	1	7	8	8	4	0	0

价税合计(大写) ⊗佰壹拾贰万叁仟零捌拾肆元整 (小写)¥123 084.00

销货单位	名称	上海市供电公司	税务登记号	63257139
	地址、电话	上海辽河东路 15 号	开户银行及账号	建行上海辽河支行 99623180

销售单位:(章) 收款人:孟水凤 复核:曹睿 开票人:王端端

第二联:发票联 购货方记账凭证

27—2

上海市增值税专用发票

抵扣联

NO. 15001

开票日期:2010 年 12 月 27 日

购货单位	名 称	上海市杰瑞商城	纳税人登记号	11204386058
	地址、电话	上海市南京路 18 号	开户银行及账号	工行上海虹桥支行 22553688

货物及应税劳务名称	单位	数量	单价	金额 百	十	万	千	百	十	元	角	分	税率	税额 百	十	万	千	百	十	元	角	分
电费	度				1	0	5	2	0	0	0	0	17%			1	7	8	8	4	0	0
合 计				¥	1	0	5	2	0	0	0	0			¥	1	7	8	8	4	0	0

价税合计(大写) ⊗佰壹拾贰万叁仟零捌拾肆元整 (小写)¥123 084.00

销货单位	名称	上海市供电公司	税务登记号	63257139
	地址、电话	上海辽河东路 15 号	开户银行及账号	建行上海辽河支行 99623180

销售单位:(章) 收款人:孟水凤 复核:曹睿 开票人:王端端

第三联:抵扣联 购货方扣税凭证

27—3

中国工商银行委托收款凭证(付款通知) 5

第 098573 号

委托日期 2010 年 12 月 27 日

付款人	全 称	上海市杰瑞商城	收款人	全 称	上海市供电公司
	账号或住址	22553688		账号或住址	99623180
	开户银行	工行上海虹桥支行		开户银行	建行上海辽河支行 行号 544

委收金额	人民币(大写) 壹拾贰万叁仟零捌拾肆元整	亿	千	百	十	万	千	百	十	元	角	分
				¥	1	2	3	0	8	4	0	0

款项内容	水费	委托收款凭据名称	收据	附寄单证张数	1
备注:	款项收妥日期 2010 年 12 月 27 日		付款人开户银行盖章 2010 年 12 月 27 日		

中国工商银行上海虹桥支行 2010.12.27 转讫

此联是收款人开户行给付款人的付账通知

28—1

12 月份工资结算汇总表

单位:元

部门	基本工资	奖金	岗位津贴	伙食补贴	交通费	洗理费	事假	病假	应付工资	个人所得税	养老统筹	医疗统筹	失业统筹	住房公积金	实发工资
行政	26 850	15 230	1 140	560	480	480	20	40	44 680	172	2 234	893.60	446.80	3 574.40	37 359.20
服装	28 640	16 326	1 520	840	1 200	1 200	56	90	49 580	186	2 479	991.60	495.80	3 966.40	41 461.20
家电	22 520	13 472	1 220	620	800	800	30	56	39 346	136	1 967.30	786.92	393.46	3 147.68	32 914.64
百货	19 060	10 640	1 040	420	640	640	20	30	32 390	84	1 619.50	647.80	323.90	2 591.20	27 123.60
仓库	8 430	3 036	540	300	240	240	10	16	12 760	36	638	255.20	127.60	1 020.80	10 682.40
合计	105 500	58 704	5 460	2 740	3 360	3 360	136	232	178 756	614	8 937.8	3 575.12	1 787.56	14 300.48	149 541.04

29—1

按应付工资总额提取的各项费用表

单位:元

部门	工资总额	职工福利费	工会经费	职工教育经费	退休统筹	医疗统筹	失业保险	住房公积金
行政	44 680							
服装	49 580							
家电	39 346							
百货	32 390							
仓库	12 760							
合计	178 756							

30—1

中国工商银行

转账支票存根

XIV223539

附加信息：

出票日期：2010 年 12 月 29 日

收 款 人：上海市永清包装制品厂

金　　额：¥5 900

用　　途：退押金

单位主管：　　　　会计：

之印

31—1

中国工商银行

转账支票存根

XIV2235310

附加信息：

出票日期：2010 年 12 月 29 日

收 款 人：上海市百货公司

金　　额：¥71 400.00

用　　途：货款

单位主管：　　　　会计：

之印

32—1

商品削价损失报告单

2010 年 12 月 22 日

部门：

供应单位：上海市百货公司		原售价			削价后售价		进价成本		削价损失
商品类别	商品名称	数　量	单　价	金　额	单　价	金　额	单　价	金　额	
服装	A-1	10	60	600	18	180	30	300	120
服装	B-1	10	120	1 200	36	360	60	600	240
服装	C-1	10	160	1 600	48	480	80	800	320
						1 020		1 700	680

第二联：记账联

主管：　　　　复核：　　　　制单：　　　　收货：

33－1

固定资产折旧计算表

2010 年 12 月 30 日

单位:元

固定资产类别	固定资产原值	年折旧额	月折旧额	本月应提折旧额
营业用房	1 400 000	2.88	0.24	3 360
办公用房	400 000	2.40	0.20	800
仓库	310 000	4.32	0.36	2 232
合计				6 392

会计主管：　　　　复核：　　　　制表：

34－1

待摊费用计算表

2010 年 12 月 30 日

单位:元

项目	发生额	摊销期限	已摊销额	本月摊销额
报刊资料费	24 000	12	22 000	2 000
财产保险费	48 000	12	44 000	4 000
合计	72 000		66 000	6 000

会计主管：　　　　复核：　　　　制表：

35－1

预提利息费用计算表

2010 年 12 月 30 日

单位:元

项目	本金	贷款期限	年利率	月提取额
流动资金借款	1 000 000	6	6%	5 000
流动资金借款	600 000	6	6%	3 000
合计	1 600 000			8 000

会计主管：　　　　复核：　　　　制表：

36－1

无形资产摊销计算表

2010 年 12 月 30 日

单位:元

项目	发生额	摊销期限	已摊销额	本月摊销额
无形资产	240 000	10	94 000	2 000
合计	240 000	10	94 000	2 000

会计主管：　　　　复核：　　　　制表：

37—1

差旅费报销单

2010年12月30日

部门名称	办公室			姓　名		刘飞
出差事由	开会			出差日期自2010年12月25日 至2010年12月30日　共2天		
地　　点	杭州					
交　通　工　具			卧补	住宿费	伙食费	其他
飞机	火车	汽车				
	1 080			652		720
报销总额	人民币(大写)贰仟肆佰伍拾贰元整			¥2 452		
预借差旅费	¥4 400.00			补领金额		
				退还金额		1 948
备注:	后附原始单据					

38—1

商品销售收入汇总表

编制单位:上海市杰瑞商城　　　2010年12月30日　　　单位:元

商品编号 缴款单位	销货金额	结算方式		备注
		库存现金	支票	
服装组	313 600	313 600		
家电组	186 920	186 920		
百货组	62 540	62 540		
合　计	563 060	563 060		

38—2

现金存款凭证(回单)

交款日期:2010年12月30日　　　第　1　号

收款单位名称	上海杰瑞商城	款项来源	销货款
交款部门	服装组	收款单位账户	22553688
		收款单位开户行	工商银行上海虹桥支行

人民币(大写)	百	十	万	千	百	十	元	角	分
叁拾壹万叁仟陆佰元整	¥	3	1	3	6	0	0	0	0

券别	捆数	张数	金额	券别	捆数	张数	金额	券别	捆数	张数	金额	上列款项收讫无误
壹佰元	30	100	300 000	伍元								
伍拾元	12	20	12 000	壹元								收款员
贰拾元		60	1 200	五角								
拾元		40	400	壹角								

中国工商银行上海虹桥支行 2010.12.30 现金收讫 (01)

收款复核:　　　　　　　　收款员:

38—3

现金存款凭证(回单)

交款日期:2010 年 12 月 30 日　　　　第 2 号

收款单位名称	上海杰瑞商城	款项来源	销货款
交款部门	家电组	收款单位账户	22553688
		收款单位开户行	工商银行上海虹桥支行

人民币(大写)	百	十	万	千	百	十	元	角	分
壹拾捌万陆仟玖佰贰拾元整	¥	1	8	6	9	2	0	0	0

券别	捆数	张数	金额	券别	捆数	张数	金额	券别	捆数	张数	金额	上列款项收讫无误
壹佰元	18	100	180 000	伍元								
伍拾元	6	20	6 000	壹元								收款员
贰拾元		40	800	五角								
拾元		12	120	壹角								

中国工商银行上海虹桥支行 2010.12.30 现金收讫 (01)

收款复核:　　　　　　收款员:

38—4

现金存款凭证(回单)

交款日期:2010 年 12 月 30 日　　　　第 3 号

收款单位名称	上海杰瑞商城	款项来源	销货款
交款部门	百货组	收款单位账户	22553688
		收款单位开户行	工商银行上海虹桥支行

人民币(大写)	十	万	千	百	十	元	角	分
陆万贰仟伍佰肆拾元整	¥	6	2	5	4	0	0	0

券别	捆数	张数	金额	券别	捆数	张数	金额	券别	捆数	张数	金额	上列款项收讫无误
壹佰元	6	100	60 000	伍元								
伍拾元	2	20	2 000	壹元								收款员
贰拾元		20	400	五角								
拾元		14	140	壹角								

中国工商银行上海虹桥支行 2010.12.30 现金收讫 (01)

收款复核:　　　　　　收款员:

38－5

零售商品进销存汇总表

2010 年 12 月 30 日　　　　编号:6

柜组		今日增加					今日减少						
	昨日结存	购进	调入	调价增值	盘点溢余	合计	销售	调出	调价减值	削价	盘点短缺	合计	今日结存
服装组													
家电组													
百货组													

会计主管:　　　　复核:　　　　制单:

39－1

商品溢余、短缺报告单

部门:服装部　　　　2010 年 12 月 31 日　　　　单位:元

账存金额	1 043 970	溢余金额		溢余货短缺原因	丢失
实存金额	1 043 220	短缺金额	750		
上月商品进销差价			150%		
溢余商品进销差价		溢余商品进价			
短缺商品进销差价	450	短缺商品进价	150		
审批意见		部门意见	要求责任人赔偿		

39－2

商品溢余、短缺报告单

部门:百货部　　　　2010 年 12 月 31 日　　　　单位:元

账存金额	468 734	溢余金额		溢余货短缺原因	丢失
实存金额	468 314	短缺金额	420		
上月商品进销差价			33%		
溢余商品进销差价		溢余商品进价			
短缺商品进销差价	120	短缺商品进价	150		
审批意见		部门意见	要求责任人赔偿		

40—1

已销商品进销差价计算表

年　月　日　　　　单位：元

商品类别	月末分配前的商品进销差价余额	月末"库存商品"余额	本月商品销售收入	商品进销差价率	已销商品应分摊的商品进销差价	月末库存商品进销差价
服装组						
家电组						
百货组						
合　计						

41—1

零售企业应交增值税(销项税)计算表

年　月　日　　　　单位：元

项目	含税销售收入 (1)	不含税销售收入 (2)=(1)/(1+17%)	销项税 (3)=(2)×17%
服装组			
家电组			
百货组			
合　计			

42—1

应交税费计算表

单位名称：__________　　　　年　月　日　　　　单位：元

税种税目	计提依据		提取比例(%)	应交税金	备注
	项目	金额			
营业税	代销手续费收入		5		
	出租包装物收入		5		

制表：　　　　复核：　　　　会计主管：

43－1

应交税费计算表

单位名称：__________　　　　年　月　日　　　　单位：元

税种税目	计提依据		提取比例（%）	应交税金	备注
	项目	金额			
城建税	增值税		7		
	营业税		7		

制表：　　　　复核：　　　　会计主管：

43－2

应交税费计算表

单位名称：__________　　　　年　月　日　　　　单位：元

税种税目	计提依据		提取比例（%）	应交税金	备注
	项目	金额			
教育费附加	增值税		3		
	营业税		3		

制表：　　　　复核：　　　　会计主管：

44－1

损益类账户余额表

2010年12月31日　　　　单位：元

账户名称	借方余额	贷方余额
主营业务收入		
其他业务收入		
营业外收入		
主营业务成本		
其他业务成本		
营业税金及附加		
财务费用		
管理费用		
销售费用		
合　　计		

财务主管：　　　　审核：　　　　制单：

45－1

应纳所得税额计算表

2010 年 12 月 31 日

应纳税所得额	税　率	税　额
	25%	

财务主管：　　　　审核：　　　　制单：

46－1

提取盈余公积计算表

年　月　日　　　　单位:元

计提依据		提取比例(%)	提取金额	备注
项目	金额			
法定盈余公积				

制表：　　　　复核：　　　　会计主管：

47－1

应付利润计算表

________年度　　　　单位:元

项　目	金　额
一、1～11 月份净利润	
加:12 月份净利润	
二、全年净利润	
减:1～11 月公积金累计数	
12 月份提取的盈余公积	
三、本年可供分配的利润	
减:应付利润(第三项的 70%)	
四、本年未分配利润	

制表：　　　　复核：

48－1

编制资产负债表、利润表、现金流量表